中国信托法基本问题

信托财产之法律归属

THE BASICS OF TRUST LAW IN CHINA
THE LEGAL OWNERSHIP
OF
TRUST PROPERTY

窦冬辰　著

人民法院出版社

图书在版编目（CIP）数据

中国信托法基本问题：信托财产之法律归属 / 窦冬辰著. -- 北京：人民法院出版社，2021.2
ISBN 978-7-5109-3034-8

Ⅰ. ①中… Ⅱ. ①窦… Ⅲ. ①信托法-研究-中国 Ⅳ. ①D922.282.4

中国版本图书馆 CIP 数据核字（2020）第 245914 号

中国信托法基本问题：信托财产之法律归属

窦冬辰 著

责任编辑 陈晓璇
执行编辑 杨佳瑞
出版发行 人民法院出版社
地　　址 北京市东城区东交民巷 27 号（100745）
电　　话 （010）67550638（执行编辑） 67550558（发行部查询）
65223677（读者服务部）
客 服 QQ 2092078039
网　　址 http://www.courtbook.com.cn
E - mail courtpress@sohu.com
印　　刷 汉印印刷有限责任公司
经　　销 新华书店

开　　本 787 毫米×1092 毫米 1/16
字　　数 177 千字
印　　张 12.75
版　　次 2021 年 2 月第 1 版 2021 年 2 月第 1 次印刷
书　　号 ISBN 978-7-5109-3034-8
定　　价 49.00 元

序　言

自《信托法》颁布实施以来，信托财产的法律归属问题一直悬而未决。无论在理论上还是实务中，都存在相当大的争议，制约了实践的发展。信托财产的法律归属不仅事关信托法律关系当事人之间的权利义务安排，还关系到信托相对人的利益实现。同时，信托财产法律归属的确定还是信托登记制度、资产证券化制度等的理论基础。可以说，信托财产法律归属是目前阶段中国信托法的基本问题。

本书以约16万字的篇幅并通过六个具有逻辑上递进关系的章节论证了：在我国民法的语境下，信托财产归属于受托人，委托人设立信托，虽然不以财产权的移转为要件，但在信托生效后，委托人在合同义务的约束下，受托人在信义义务的约束下，应当完成财产权的移转。在研究方法上，本书立足于解释论，紧扣我国现行法的规定，运用文义解释、体系解释、反面解释、历史解释、比较法解释等多种经典解释方法对全书主题进行论证。

本书第一章通过对《信托法》立法背景的研究，揭示了我国《信托法》的立法目的以及《信托法》第二条的由来。我国《信托法》制定的筹备工作开始于20世纪80年代，作者通过研究我国当时的商事实践，结合大陆法系其他国家和地区信托法的制定背景，指出了包括我国在内的大陆法系国家，之所以通过法律移植的方法引入信托制度，其目的是实现财产的独立性。因为，在民法法系的一物一权、物权法定等原则的约束下，无论如何都无法实现现代信托法所能够产生的财产独立性。与此同时，作者在第一章指出了立法者在制定《信托法》第二条时的两个顾虑（双重所有权与一物一权原则的冲突、委托人合法权益的保护），并在后续的第四章与第五章予以了澄清，为日后可能进行的《信托法》修订，提供了理论上的支持。

本书第二章结合信托法原理，全面地论证了第一章所引出的法律问题，即信托财产独立性的实现机制。该章从比较法、法经济学等角度指出，在我国信托法中，信托财产独立于委托人的实现机制是财产权的移转，信托财产独立于受托人的实现机制是作为特别法的《信托法》的法律调整，信托财产独立于受益人的实现机制是法理的自然推论。因而，在信托财产独立性的视角下，信托财产必须完成权利的移转。本章的研究对于理解信托制度的定位至为重要，目前无论是理论界还是实务界都对于信托的制度定位认识不足，从而无法从功能的角度理解信托与委托的根本差异。本章对于信托财产独立性的论述是理解信托财产为何必须完成移转的关键环节。

本文第三章通过解释论的方式论证了在我国《信托法》第二条的规定下，如何在解释论的层面实现财产权的移转。文章指出，信托行为作为法律行为的类型，根据文义解释，其属于诺成行为，但结合对信托目的意思的考量，可以认为，信托财产权的移转事实上是在信托生效后，委托人在合同义务的约束下，受托人在信义义务的约束下而完成的。我国学术界目前鲜有针对信托行为的专门研究，然而，将信托纳入法律行为的分析框架，是民商合一立法理念的必然要求，这一研究弥补了学术界的理论空白。

本文第四章回应了立法机关在制定《信托法》时的第一个顾虑，

即信托财产如果归属于受托人，则将在信托财产之上形成双重所有权的局面，进而违背了大陆法一物一权的基本原则。作者通过概念的比较，将这一问题定位为民法问题中的解释选择问题，大陆法系与英美法系的所有权在各自的话语体系中具有截然不同的含义。因此，在解释上，只需确定信托财产归属于受托人即可解决这一问题。本章的论述有效地回应了当时以及现任立法者的疑虑，相信可以为立法机关后续完善相关法律制度提供理论支持。

本文第五章回应了立法者的第二个顾虑，即信托财产如果交由受托人，是否意味着委托人的合法权益难以得到有效保护？本文从委托人退出信托关系的法律意义、委托人退出信托关系后所享有的“防御性”权利以及信托法对受托人的法律规制三个角度进行论述，指出了委托人即便退出信托关系，其合法权益相比于没有退出法律关系而言，并未显著降低，而与此同时，委托人退出法律关系，对于委托人而言，还能实现诸多卓有意义的价值。如，委托人的“死手利益”以及信托财产的独立性等。同样，作者希望通过本章的论述，打消立法者的第二个顾虑。

本文的第六章从信义法体系的角度观察信托中的财产权移转问题。根据作者的观察，在我国私法体系中，存在着以委托代理为基础的信义法体系，即委托、代理、合伙、公司以及信托。而所谓体系，是具有一定内在联系事物组成的集合。作者从信义义务（忠实义务、注意义务）、法律责任的承担方式以及财产权移转这三个角度试图寻找这些信义关系的内在联系。作者通过一系列分析进而指出，随着当事人之间信任关系的提升，法律对于施信人的法律保护随之提升，表现为信义义务的扩张以及法律责任承担方式的扩张。而当事人之间的信任关系，总以一定的法律事实加以展示，这一法律事实就是财产权的移转。通过对信义义务、法律责任承担方式的分析，文章首先定位了信托关系在整个信义法体系中位于最高级别，因而得出其必然伴随着财产权移转的结论，即信托财产归属于受托人。作为文章的最后一章，作者将视野跳脱出信托法内部，着眼于整个信义法体系，寻找法律制度的内在联系，是文章的一大创新和亮点。在我国未来的法制建设中，这种体系化的思维方式，具有理论意义和现实意义。

总体而言，本书准确地把握住了当前我国信托法中最亟待解决的问题，通过作者深厚的信托法理论水平以及对信托法独到的见解，合格地论证了全文的主题。窃以为，研究信托制度时最大的难度在于，研究者不仅应深谙信托法规则，而且必须熟练掌握我国民法的基本理论。作为中国人民大学法学院以及本人培养的民商法学硕士、博士，窦冬辰博士在研究信托制度的同时，时刻没有放松对民事基本理论的学习和研究，这也是他能够完成本著作的关键。此外，信托起源于英美法系，对于研究者而言，比较法研究或比较法解释就成了一个不可或缺的工具。窦冬辰在攻读硕士学位期间，曾赴美国留学，专门进修了《美国信托法》的课程，从而全面、充分地掌握了英美信托法的全貌，这也是他能够圆满完成其研究的关键。我相信，各位读者在阅读本书后，必将对我国的信托制度有一个全新的认知。

龙翼飞

2021 年 1 月

摘 要

信托是源自英美法系的制度，大陆法系的法学家与立法者意识到信托制度作为一种独特的财产管理方法，对市场经济的促进作用难以被其他法律制度所取代。于是，从20世纪初开始，大陆法系国家和地区纷纷着手移植英美法系的信托法律制度。为了整治信托业的乱象，我国也于20世纪末开始了信托法的制定工作。在我国《信托法》的制定阶段，围绕着信托财产的法律归属，也即委托人设立信托是否应当将财产权转移给受托人这一问题，产生了较大的分歧。最终，我国《信托法》将信托定义为：委托人基于对受托人的信任，将其财产权委托给受托人，由受托人按委托人的意愿以自己的名义，为受益人的利益或者特定目的对信托财产进行管理和处分的行为。基于《信托法》第二条中采用“委托给”的表述，多数学者认为在现行法下，设立信托，委托人与受托人之间并未发生财产权的移转，委托人仍然保留财产之上的所有权。而更多的学者同时主张，在应然层面，应当回归信托法的原貌，由受托人享有信托财产的所有权。其中，也有部分学者从解释论的层面论证了信托财产归属于受托人。在司法裁判中，法院对于信托财产的归属往往进行模糊处理，既希望发挥信托财产的独立性，又无法突破信托法的基本文义。因而，在法律适用上，或隐含地表达信托财产归属于委托人，或明确信托财产并非委托人的责任财产，存在解释上的不确定性。从最高人民法院的态度来看，其一方面希望实现信托制度的核心功能，即信托财产的独立性；另一方面又无法突破《信托法》中“委托给”

的束缚，表现出较为矛盾的态度。

信托财产的独立性是信托的核心制度功能。所谓核心制度功能，是使得信托制度区别于其他法律制度的特征，是当事人通过其他法律工具所无法实现的。在这个意义上，财产转移、财产管理并非大陆法系中信托的核心制度功能，因为这些功能在很大程度上可以通过诸如《民法典》总则编、合同编、物权编中规定的法律关系加以实现，而不必然依赖信托法。相反，对于信托财产独立性这一制度功能，其无法借由其他法律全部实现，因而是大陆法系移植信托法所欲实现的主要目的。具体而言，信托财产独立性包括三个面向：其一，信托财产与委托人未设立信托的其他财产隔离；其二，信托财产与受托人固有财产隔离；其三，信托财产与受益人的财产隔离。此三个面向的独立性各自均在信托实践中发挥着不可替代的作用。在他益信托中，信托财产独立于委托人与受益人均具有绝对性，而信托财产与受托人固有财产之间的隔离以受托人信义义务的履行为前提和实现路径。

也正因如此，信义义务也是信托法中的重点内容。在梳理我国《信托法》现行规定后可知，《信托法》中关于信托财产独立性的规定绝大多数均集中在信托财产如何独立于受托人固有财产的问题上，此外，《信托法》以及相关的部门规章还对受托人的信义义务进行了重点规定，而受托人信义义务的履行，也正是信托财产独立于受托人固有财产的路径。而对于信托财产独立于委托人与受益人，则仅以极少的条文或仅以宣示性条款进行规定。《信托法》对于信托财产如何独立于受托人的固有财产进行了如此之多的规定，其目的就是为了改变一个一般的民法法理，即民事主体以其所有的全部财产对外承担法律责任。根据法律的规定，当出让人将财产权移转给受让人后，受让人成为了财产新的主人，该财产也随之成为受让人责任财产的一部分，进而可能被其债权人追偿。欲改变这一基本法理，必须依照法律的明确规定，《信托法》为此提供了规范依据。对于信托财产独立于委托人而言，由于《信托法》没有其他具体措施实现其独立性，其继续作为信托财产的所有人也就无法实现信托财产的独立性，因而其独立性的实现机制显然与受托人不同。这种独立性的实现只能是当事人在设立信托的过程中，完成了财产权的移转。即由于信托财产已经不再属于委托人，因此委托人的债权人不得针对信托财产主张权利；反过来，信托财产的债权人也不得向委托人未设立信托的财产主张权利。至于信托财产独立于受益人，《信托法》亦未作过多规定，同时鉴于受益人所有权说仅在比较法上具有说明价值，而在解释论上并无依据可循，因而可以认为信托财产独立于受益人乃基于一般法理的自然推论。

综上所述，在应然层面上，欲实现信托财产的独立性，必须完成财产权的移转。强调信托财产独立性的同时否认信托财产归属于受托人也是不现实的。在实然层面，我国已有学者从解释论入手，论证信托财产归属于受托人，但解释路径略显牵强。作为补充，本文立足于我国现行法律的规定，特别是围绕《信托法》第二条的规定，采用法律行为的分析工具说明信托财产是如何在我国现行法下完成的财产权移转。根据《信托法》第二条的基本文义以及大陆法系法律行为的相关理论，我国法律中的信托，是法律行为的类型。根据《信托法》第二条的明确规定，在法律行为成立方面，信托行为应当属于诺成行为，而非要物行为。换言之，信托的成立不以当事人完成财产权的移转为必要条件。而在一般成立要件中，根据《信托法》第九条的规定，明确的信托财产是信托文件的必备条款。即当事人必须就法律关系中存在信托财产，以及有关该财产的范围、种类、状况均达成合意。而根据《信托法》第十四条以及关于信托财产独立性的相关规定，所谓信托财产是受托人实际取得，并能够产生一系列独立性法律效果的财产。基于此，信托行为虽然非要物行为，但随着信托的成立、生效，受托人在已经生效的信义义务的约束下，委托人在合同义务的约束下，应当完成标的物的权利移转，以实现合意中关于信托财产的约定。换言之，信托行为是诺成行为，受托人有义务在信托生效后采取积极行为以促成财产权的移转，同时，委托人也有义务配合、协助受托人完成财产权的移转。这样的解释不仅有现行法上的依据，也能最大限度地与我国目前的民事、商事信托实践相契合。

以上分别从应然与实然的层面论证了信托财产应当归属于受托人，然而，对于在信托法制定过程中立法者曾出现的担忧，至今仍然未能得到有效的回应。这也在一定程度上加剧了理论和实践中对信托财产归属问题的悬而未决。时至今日，这些问题仍然困扰着理论界与实务界，并影响着《信托法》的修订。对此，本书将分别予以澄清，以期消除立法者存在的某些顾虑。

在我国《信托法》的起草过程中，立法者的一个担忧就是，如果由受托人享有信托财产所有权，那么就将形成双重所有权的局面，进而与我国一物一权的基本物权法原则相冲突。由于该理论冲突在当时并未得到有效的解决，加之涉及物权，可能影响社会主义的基本经济制度，故立法者对于域外经验的借鉴，体现出了谨慎的一面。但是，通过对英美财产法的考察，以及与大陆法系所有权概念的比较后可知，英美法系不存在与大陆法系绝对所有权相对应的所有权，取而代之的是各种相对化的权利。以往认为与大陆法系所有权具有相当含义的英美法系概念，如 ownership、title、estate，事实上均不具有所有权的相同内涵。而在双重所有权理论下，受托人与受益人所享有的，实际上就是上述的 ownership、title 以及 estate，因此，不能认为信托财产的双重所有权与大陆法系绝对所有权下的一物一权原则相冲突。故本文将此冲突称为一种假象，仅为因对法律概念解释选择的不同而产生的一种误解。事实上，两种理论对财产关系、信托关系的规范意义体现在不同侧面，一物一权强调对财产静态归属的调整，而双重所有权理论侧重对财产的动态利用。因此，与其说信托财产之上存在双重所有权，毋宁说信托财产之上存在双重权利，只要确定信托财产的唯一所有权人即可。在英美法系上，衡平法院所确定的所有权并非赋予受益人财产之上完整的权利束，相反，它仅仅是为了救济那些得不到公平对待的受益人而设。从英美法系的历史上来看，受益权也仅具有对人权的性质。故，普通法上的所有权与大陆法系所有权的含义最为接近。从交易上看，受托人针对信托财产的任何处分行为也都被视为有权处分，第三人无需承担审查受托人权限的义务。更为重要的是，结合我国的信托法制度背景，欲实现信托财产的独立性，信托财产只能归属于受托人。

立法者的另一个担忧，即担心财产权一旦发生移转，将导致委托人的合法权益无法得到有效保护，因此不仅未明确受托人享有信托财产的所有权，同时还在《信托法》中规定了委托人享有诸多权利，导致委托与信托的制度边界难以得到界定。而在经典信托法中，信托一经成立，委托人即退出信托关系，除非其在信托文件中明确保留了某些权利。委托人在信托中享有过多权利将导致信托财产独立性处于不确定的状态，反过来将影响委托人各种合法权益的实现，而由受托人享有信托财产所有权完全可以实现对委托人合法权益的保护。在对受托人不当行为的规制方面，《信托法》通过扩张忠实义务与法律责任的承担方式，以及由受托人负担最高级别的谨慎义务的策略，对丧失所有权的委托人的合法权益加以保护。与未丧失所有权的委托相比，信托关系中委托人的合法权益并未因丧失所有权而遭受更多威胁，相反能够产生预期的制度功能。除此之外，《信托法》还专门为委托人设置了诸多“防御性”权利，这些权利的享有不构成对财产的实际控制，因而在不丧失财产独立性的同时，可以增强对委托人的保障。这些权利包括知情权、撤销权、请求信托财产管理方式调整权以及解任权。在这种权利结构中，委托人在信托中的重要利益，即“死手控制”利益，通过信托法中的“信托不因缺少受托人而失效”（trust will not fail for want of trustee）规则，方能得到实现。而更为重要的是，无论是英美法系还是大陆法系，委托人保留实质性权利，如撤销权、受益权，都将导致信托财产独立性的丧失或部分丧失，进而失去信托制度的价值。

上述的论证均围绕信托法本身进行展开，然而，作为信义关系，我国私法体系中并非只有信托关系。除此之外，委托、代理也属于信义关系，而在合伙和公司中，也存在典型的信义关系。这些法律关系共同构成了一个具有内在逻辑价值的体系，即信义法体系。对于《信托法》中的权利义务配置，也应当在体系化的视角下进行解读。因而，在该体系中，对信托财产的归属进行分析，将具有重要的理论意义。在此，我们将超越信托法本身的范畴，将信托关系置于整个信义法的体系之中，对其财产权移转的情况进行观察。根据本文的观察，在这个信义法体系中，随着当事人之间信任关系的不断递增，受信人的行为也随之受到法律的进一步规制，体现为信义义务的承担与法律责任的承担。在信义义务方面表现为忠实义务与谨慎义务的扩张与提升，在法律责任方面表现为在损害赔偿等传统救济方式外，增加了归入权。而这种当事人之间信任关系的不断递增，总是伴随着相应的法律事实，即财产权的移转。信托关系中，受托人负担最高级别的忠实义务与谨慎义务，同时受益人享有归入权。在信义法的逻辑体系下，上述权利义务的确定均能有效地说明信托财产应当归属于受托人的事实。

关键词：信托财产　法律归属　信托财产独立性　信托行为　信义法体系

目　录

Contents

导　论

一、研究意义

根据信托原理，设立信托，委托人须将财产权完全地移转给受托人，由后者为了受益人的利益或特定目的，管理和处分信托财产。然而，我国《信托法》第二条仅规定了委托人将其财产权“委托给”受托人，并未突出财产权转移的因素。此种看似有异于传统信托法的规定给我国理论和实践均造成了困扰。本书拟就该长期以来未能得到有效解决的问题展开研究，即设立信托，是否应当发生财产的移转。这也是我国信托法的最基本问题。在新制度经济学派代表人物科斯（Ronald H. Coase）看来，产权是市场经济和交易的前提，市场主体进行的有效交易安排无不建立在产权关系清晰的基础之上。在信托法学上，信托财产归属问题的解决也是研究其他信托法核心问题的基础和前提条件，任何信托问题的讨论，均以财产权的归属为逻辑起点，或者说均以信托财产归属的确定为理论预设。如对此问题悬而未决，诸如信托登记制度的建立、信托征税主体的确定、信托破产隔离机制的实现、受益权的性质等都将因缺乏必要的共识和前提，而严重降低讨论的效率以及相应制度的构建与完善。

以信托登记为例，我国《信托法》第十条规定了信托登记。而截至目前，我国尚未建立真正意义上针对信托财产的登记制度。虽然，我国如今已经建立了一些具有信托登记职能的机构，如中国信托登记有限责任公司、上海信托登记中心、北京金融资产交易所、天津金融资产交易所等，并且制定和实施了《信托登记管理办法》。但是，从功能上看，它们并非《信托法》第十条中所言的登记，而是针对信托产品信息以及服务于信托受益权流转的登记。所谓信托登记，目的在于向外界揭示财产之上存在的特定权利及内容，从而保护社会的交易安全，以及第三人的信赖利益。事实上，我国早有推动建立信托登记制度的考虑。在《不动产登记暂行条例》起草过程中，有观点即主张应当在条例中对不动产信托登记作出规定。在国土资源部（现为自然资源部）起草的《不动产登记条例（草案）》第75条就曾规定："不动产设立信托的，应当办理信托登记。"但"考虑到当前《土地登记办法》《房屋登记办法》等单项不动产登记部门规章中都未对不动产信托登记作出规定，在实践中，不动产信托登记还处于研究探索之中，并未形成成熟统一的做法，在《不动产登记暂行条例》中对信托登记作出规定的条件尚不成熟"，① 因而，草案中的这一规定在最终的《不动产登记暂行条例》中并未出现。而2016年颁布实施的《不动产登记暂行条例实施细则》第一百零六条也仅仅规定"不动产信托依法需要登记的，由国土资源部会同有关部门另行规定"，仍然再次回到问题的起点。由此可见，信托登记的理论研究迫在眉睫。然而，在信托财产归属不明的状态下，甚至无法准确界定信托登记。申言之，如果信托财产仍然归属于委托人，那么该信托登记就并非物权变动意义上的登记。此时，所谓信托登记就是当事人在设立信托的过程中，将特定财产在法律性质上属于信托财产的事实进行公开，使外部第三人能够知悉其交易对手为信托财产的受托人以及交易的标的为具有特定法律意义的财产。而如果信托财产归属于受托人，那么该登记则既有可能是物权变动意义上的登记，也有可能是非物权变动意义上的登记。这种对于权利归属的不同认识直接决

① 参见国土资源部政策法规司、国土资源部不动产登记中心（国土资源部法律事务中心）编著：《不动产登记暂行条例释义》，中国法制出版社2015年版，第39页。

定信托登记的制度设计。[1] 总而言之，如果不能确定信托财产的权属，我们将无法建立一套定位清晰的信托登记制度。

再以信托的破产隔离为例，我国《信托法》第十五、十六、十七条确立了信托财产的独立性，即信托财产独立于委托人、受托人以及受益人的固有财产。其中，信托财产独立于委托人未设立信托的财产，正是通过财产转移的方式加以完成的。在商事信托中，这种财产的转移就体现为法律对于“真实出售”（true sale）的要求。对此，本书将在第二章着重分析。而如果不能确定信托财产归属于受托人，那么，信托财产的独立性在很大程度上将难以实现。独立性作为信托制度的核心特征，如果无法实现，将使得信托在绝大多数的场合与委托别无二致。目前，司法实践也已逐渐意识到在信托财产不发生移转与信托财产独立性之间存在着难以协调的矛盾。

此外，我国信托法理论中对于信托行为的研究并不深入，我国信托法学者普遍忽视对该问题的研究，而这种忽视的结果，就是对信托行为的论述和关于信托定义的论述在我国信托法理论中处于空白状态。[2] 其中的原因在于，一是我国民法学界上一直对是否存在独立于债权行为的物权行为存有争议，而更重要的原因则在于对信托财产归属问题未有定论，进而无法确定信托行为系诺成行为抑或要物行为。本书将在第三部分指出我国现行《信托法》下信托财产的移转过程，在明确财产归属的同时，为我国信托行为理论的研究提供帮助。

本研究还将服务于我国的司法实践以及国家机关的立法工作。在司法裁判中，法院对于信托财产的归属问题往往进行模糊处理，或隐含地表达信托财产归属于委托人，或明确信托财产并非委托人的责任财产，存在解释上的不确定性。从最高人民法院出台的司法解释来看，其一方面希望实现信托制度的核心功能，即财产的独立性，另一方面又无法突破现行《信托法》中“委托给”的束缚。此外，在2019年全国人民代

① 参见蔡卫华、陈敦：《探索建立不动产信托登记制度》，载《中国土地》2013年第3期。

② 参见张淳：《信托法哲学初论》，法律出版社2014年版，第124页。

表大会上，就有人大代表提出议案，要求尽快修订《信托法》。从其提案中来看，首先就是要调整信托的定义，即对《信托法》第二条的修改，具体方案是将其中的“委托给”修改为“转移给”。本书还将通过分析指出，这种权利移转的现实意义和体系价值。更为重要的是，在现行法的语境下，应当如何解释信托财产权的移转。

二、我国目前的研究现状

鉴于问题的重要性，我国信托法教科书及专著中对此问题均有相应的论述和专门的研究。徐孟洲教授主编的《信托法》一书中指出了现行《信托法》第二条存在的问题，并从信托法原理的角度指出信托财产应当归属于受托人，即设立信托应当完成相应的财产权移转。类似的观点还可见于周小明先生的《信托制度：法理与实务》《信托制度比较法研究》，高凌云教授的《被误读的信托——信托法原论》，以及何宝玉先生的《信托法原理与判例》等。此外，赵廉慧教授的《信托法解释论》一书中，为我们介绍了法国学者提出的财团理论，指出信托财产归属于受托人，是受托人名下的特殊财团，独立于受托人名下的其他财团，并产生相应的独立性。赵廉慧教授对此问题专门作出论述，引入财团理论以及剩余权利理论，解释信托当事人的权利，指出信托受益权在性质上属于剩余权利，委托人并不应在信托中享有权利，受托人享有信托财产的完整权。对此，详见赵廉慧教授发表的《信托受益权法律性质新解——“剩余索取权理论”的引入》一文以及《信托财产权法律地位新解——“双财团理论”的引入》，分别载于《中国政法大学学报》2015 年第 5 期及 2016 年第 4 期。在另一些教科书或专著中，学者提出了我国信托财产应当归属于委托人的观点，代表作品是南京大学张淳教授所著的《信托法哲学初论》以及《中国信托法特色论》。在这些著作中，张教授详细论证了信托财产应当归属于委托人。

在学术期刊上，张淳教授还在其多篇期刊文章中表达了其学术观点，即信托财产归属于委托人。如，《我国信托财产所有权归属的态度及其法理审视》《我国信托法中的规则冲突及其矫正》《信托财产独立性的法理》《关于信托受益权的性质——对有关国家法学界的有关研究的审视与检讨》《论由受托人享有的信托财产所有权》《大陆法系的信托立法——若干国家与地区尚未确立信托制度的原因》《〈中华人民共和国信托法〉中的创造性规定及其评析》等。此外，对委托人说不持排斥态度的学者还有北京大学的楼建波教授，其在多篇文章中也表达出了这一观点。如《信托财产关系与物权法原则的冲突——兼论信托财产关系的民法典表达》《信托财产的独立性与信托财产归属的关系——兼论中国〈信托法〉第 2 条的解释与应用》等。与上述观点不同，也有诸多学者认为信托财产应当归属于信托受托人，即设立信托，必须完成财产权的移转。如，中山大学的于海涌教授在其论文《英美信托财产双重所有权在中国的本土化》中指出，在大陆法系的语境下，应当由受托人享有信托财产的单一所有权，而受益人则在信托中享有债权请求权。中国人民大学的王利明教授在其论文《信托合同与委托合同的比较》中也提出相同的观点，认为应当对我国《信托法》第二条中的“委托给”进行扩张解释，即包含信托财产权移转的含义。

在学位论文方面，博士论文中以此内容为题的是中国人民大学的柳芃。在其《信托财产的权利构成——以委托人所有权为基础》一文中，前两章以法律移植为背景，澄清了不同法系所有权概念之间的冲突。从第三章开始，分别从“信托所有权的归属”“受托人权利”以及“信托受益权”等几个方面展开论述，指出了受托人对于信托财产享有特殊的用益物权，受益权在性质上也并非所有权，结合我国实践，信托财产只能归属于委托人。也即，设立信托无须完成财产权的移转。该文与张淳教授的诸多主张一致。此外，也有诸多硕士学位论文对此有专门的论述，所提出的主张及理由均未超出以上学者的论证。由于篇幅所限，本书在此不一一赘述。

由于本书所涉问题出自我国《信托法》中有异于传统大陆法系国

家和地区的规定，因此，域外文献中与此主题直接相关的并不多见。本书第一章由于以大陆法系国家和地区信托法的移植为背景，因此域外文献相对较多。如，美国的丹尼尔·科莱丽（Daniel Clarry）的《信托所有权与比较法视域下的信托》（Fiduciary Ownership and Trusts in a Comparative Perspective）以及美国的卡里·霍华德（Carly Howard）的《大陆法系与英美法系下的信托财产：比较法研究》（Trust Funds in Common Law and Civil Law Systems：A Comparative Analysis），他们从比较法的视角出发指出大陆法系与英美法系之间的法律文化差异，并指出大陆法系在移植信托法时的实践经验。在其他章节中，比较法上的文献也为本书提供了法理上的启发。如美国的亨利·海斯曼（Henry Hansmann）与胡果·马泰（Ugo Mattei）合著的《信托法功能：比较法与法经济分析》（The Functions of Trust Law：A Comparative Legal And Economic Analysis），该文深度剖析了不同法系中信托法的功能与信托财产独立性的基本原理，是本书第二章中的主要参考文献。

综观现有的研究，我国对于信托财产权移转或归属问题的研究，存在以下不足之处：首先，在对待英美信托双重所有权的问题上，多数研究缺乏对双重所有权的正确认识，而是将英美法系上的所有权等同于大陆法系的所有权。本书将从所有权的概念入手，协调两大法系的理论冲突，并在此基础上指出信托财产的归属。其次，现有的研究未能全面地结合信托制度的功能理解信托财产权的移转。其实，如能重视信托财产的独立性及其实现机制，就不难理解信托财产权必须进行移转。对此，本书将从财产独立性实现的角度加以论证。再次，既有的研究无法在解释论上论证信托财产权的移转，从而无法符合信托的基本原理，未能发挥解释者的能动性。本书将立足解释论，从法律行为的视角论述信托财产权移转的过程。最后，目前尚没有研究将信托财产的移转置于信义法的体系中进行研究。事实上，对于信义法的研究也并不多见。本书也将以此为切入点论证信托财产权的移转。

三、研究方法及研究思路

信托财产的移转之所以存在争议，归根结底是由于我国《信托法》第二条的规定。根据该条，设立信托，委托人只需要将信托财产“委托给”受托人即可。基于此，本书首先对《信托法》第二条的制定背景和过程进行研究，对立法机关之所以如此规定背后的利益衡量和价值判断以及其所欲实现的目的进行分析，以推知立法者的真实意思。通过《信托法》立法时的各稿草案以及参与立法学者的著述等资料为主要的依据进行研究可以发现，我国《信托法》的立法者虽然对归属的问题作模糊处理，但对信托财产独立性这一问题从一开始就是接受的，并且是移植信托法的主要目的。

因此，本书的第二章就以财产独立性为视角，分析我国信托财产独立性如何能够实现。该章立足我国现行法律，通过法律逻辑分析的方法，对我国信托财产的独立性及其实现机制进行论述。首先，指出在信托的诸多制度功能中，只有信托财产独立性的实现需要借助于信托法。其他制度功能，如财产转移、财产管理等，都可以借助其他法律制度加以实现。其次，通过分析独立性中不同面向所具有的不同特征，得出独立性实现的基本法理。这种实现机制，可以简要地概括为“财产转移+特别法调整+当然法理”。在我国，欲实现这一独立性，从而使信托区别于委托，则必须进行财产权的移转。

从应然层面确定了设立信托必须完成财产权的移转后，第三章回到实然层面，在解释论上寻求相应的路径以实现妥当的结论。我国《信托法》第二条将信托定义为法律行为的类型。因而，应当以法律行为理论作为基本分析工具。本章通过分析指出，我国的信托行为属于诺成行为，不具有要物性，但当事人的意思表示中，包含了财产权移转的目的意思。因此，财产权的移转不是法律行为成立的要件，而是作为法律行为生效后当事人应当履行的义务。这种解释不仅在理论上能够自洽，也能最大限度地贴合当代社会的信托交易。

在确定了信托财产归属于受托人后，仍然需要面对的问题是在信托法起草过程中，立法者的两个担忧。本文之所以选择将这两个部分进行分别成章的论述，是基于我国《信托法》立法的现实情况，故选择将受托人所有权说作为预设。

立法者第一个担忧是当信托财产归属于受托人后，是否意味着对一物一权原则的否定。在《信托法》立法过程中，立法者曾担心由受托人享有信托财产所有权将导致在信托财产之上形成双重所有权的局面，进而违反我国物权法中一物一权的基本原则。从比较法上看，大陆法系国家和地区在制定各自信托法的过程中都面临着这一理论问题，但理论上的冲突并未妨碍在特别法上确定财产的归属，而仅表现在信托未能进入成文的民法典中。① 而这种理论冲突在我国显然被放大了，因而有必要在理论上对此进行澄清。本书第四章即运用比较法的研究方法，对比两大法系所有权的概念，在此基础上，澄清这一理论冲突的实质。本书研究表明：这种冲突仅为因解释选择而产生的一种对概念内涵的误解。虽然在一些理念上存在冲突，但都不否认同一财产（权）之上不能存在内容相互冲突的权利或权益。因此，理论上的协调方法自然就是确定一个所有权人即可，结合前文的论述，这个所有权人只能是受托人。

立法者的第二个担忧就是财产的所有权一旦发生移转，则将导致委托人的合法权益无法得到妥当保护。因此，不仅未明确受托人享有信托财产的所有权，同时还在《信托法》中规定了委托人享有诸多权利，导致委托与信托的制度边界难以得到界定。对此，本文将综合运用文义解释、体系解释、扩张解释、限缩解释、当然解释、历史解释等方法对委托人的权利以及委托人在信托中的合法利益进行分析，并最终指出委托人纵使丧失了信托财产的所有权，其合法权益仍然能够获得有效保护，并且也只有如此，方可实现信托的制度目的。

① 参见张淞纶：《民法典时代信托融入的路径选择》，载《交大法学》2019 年第 2 期。

本文第六章将超越信托法的范畴，将目光集中在信义法及信义关系这些上位概念之上。从信义法体系的角度观察信托关系中财产权的移转。本部分选取我国私法中具有代表性的信义关系，包括委托、代理、合伙、公司以及信托，作为观察对象。在这些信义关系中，随着当事人之间信任程度的增加，受信人获得更多权利的同时，施信人负担更多的义务，在责任承担方式上也有所增加。而当事人之间的这种信任的增加，总以一定的法律事实加以表现。其中，财产权的移转就是这种重要的法律事实。信托关系中，受托人负担最高等级的信义义务，为了受益人的最大利益而行事，同时受益人也享有归入权。因此，在法律事实上，必须以财产权的移转为要件。

第一章 《信托法》第二条的制定与争议

自我国《信托法》实施以来，围绕信托财产法律归属的争议从未间断，其根源在于《信托法》第二条中“委托给”的表述。无论在学理上还是司法实践中，这一表述都给解释者带来了较大的困扰，造成了解释上的冲突。对此，我们必须先予明确的问题是《信托法》的立法目的，即在我国已经存在关于委托、代理相关法律规则的情况下，为何迫切地需要一部信托法。对此的正确认识是准确把握《信托法》第二条含义以及信托财产法律归属的前提。在此基础上，我们应当考察《信托法》第二条的制定过程，以便从立法理由入手，直面问题产生的根源，以及由此产生的解释冲突。

一、《信托法》的立法目的

信托是英美法系的制度，大陆法系的法学家与立法者意识到信托制度作为一种独特的财产管理方法，对于市场经济的促进作用难以被其他法律制度取代。① 于是，从 20 世纪初开始，大陆法系国家着手移植英美法系的信托法律制度，将其纳入大陆法体系中。与其他法律移植不同，多数大陆法系国家和地区的信托法移植兼具了主动移植与被动移植的特点。与信托法在英美法系国家通过武力征服和殖民主义的传播不

① 参见贾林青：《信托财产权的法律性质和结构之我见》，载《法学家》2005 年第 5 期。

同，信托法在多数大陆法系国家和地区的传播则是主动继受的结果。① 19 世纪末，日本就开始关注英美法系信托法的发展，特别是其中的商事信托制度。根据当时日本研究者的考察，美国信托公司的业务通常分为旨在处理家族内部财产的民事信托以及能够提供金融服务职能的商事信托，而由于后者可以帮助吸引外国资本促进本国经济，因此应当得到国家层面的重视。② 中日甲午战争和日俄战争的胜利，坚定了日本对外扩张的野心，于是统治者更为迫切地需要外部资本以扩充军事力量以及加快基础设施的建设，商事信托的制度优势迎合了这一需求。随着一系列商事信托特别法的实施，日本初步建立了与英美信托，特别是美国信托实践接轨的信托制度。以信托为融资载体，此时的日本在英美等国的资本市场上募集了大量的美元及英镑。而对欧洲大陆地区信托法的立法背景进行考察不难发现，在各国立法机关主动继受的背后，体现着全球化浪潮下欧共体内部成员之间对减少区域间私法壁垒的渴望。在这种压力下，即便大陆法系中存在与信托功能大致相同的替代制度，各大陆法系国家仍然开始了起草信托法的工作。③

我国《信托法》的立法也体现了这两种特点：一方面，鉴于信托作为连接实体经济、资本市场和货币市场的金融子行业，能够发挥重要的资金融通作用，1979 年为了对高度集中的金融体制进行改革，我国将信托制度作为国家银行的补充机制引入，并为了整顿信托市场，规范信托公司的信托活动而于 2001 年实施了《信托法》；另一方面，出于能够顺利加入世界贸易组织（WTO）的需要，必须制定一部特别法以调整已经存在的投资基金关系或即将出现的信托关系。④ 在我国《信托

① 参见周小明：《信托制度：法理与实务》，中国法制出版社 2012 年版，第 9 页。

② See Masayuki Tamaruya, Japanese Law and the Global Diffusion of the Trust and Fiduciary Law, 103 Iowa Law Review, 2018, p. 2231.

③ See Henry Hansmann & Ugo Mattei, The Functions of Trust Law: A Comparative Legal And Economic Analysis, 73 New York University Law Review, 1998, p. 435.

④ 参见吴伟：《证券投资基金法律问题及其跨国活动法律监管研究》，中国政法大学 2003 年博士学位论文；另见栾甫贵：《我国会计制度变迁的路径分析》，载《财务通讯》2005 年第 1 期。

法》颁布实施的同年，我国成功地加入了世界贸易组织。虽然在一定程度上有被动继受的因素，但不可否认，信托法对于我国当时投资市场的规范和经济的发展都具有重要意义。据统计，在跨入 21 世纪之际，我国市场中已经存在上百家信托投资公司，专门经营信托存款和信托投资业务。虽然这些业务都被加以信托之名，但却没有信托之实，并出现了各种亟待规范的经营乱象。在财产的管理上，信托公司将其固有资金、受托管理的资金、信托存款等法律性质不尽相同的财产不加区别地存入其在银行开立的同一个账户中，使得信托财产毫无独立性可言。① 如在信托存款业务中，信托公司作为受托人本应按照信托的基本原理管理作为信托财产的存款，但其经营方式与银行传统的信贷业务完全一致。在经营过程中，将客户的存款作为一般债权，与固有财产相互混同，毫无财产的独立性可言。在轰动国内外的广东国际信托投资公司破产案中，作为受托人的信托公司长期以来未遵守信义义务，将委托人的财产与其固有财产混同，以及将不同委托人的财产相互混同，最终导致风险的集中爆发。最终，这些被混同财产之上的受益权均未能实现破产隔离，沦为了受益人永远无法取回的清算财产。② 此外，我国当时的海外投资，许多都是由国家实际出资，但以个人名义设立公司。为了防止财产的混同进而造成国家财产的流失，实践中多借鉴英美法系的信托制度，由国有资本担任信托关系的委托人，名义所有人即作为财产之上的受托人。③

在《信托法》制定和实施前，我国曾先后出台过两个规范性文件，对信托业进行规范。第一个规范性文件为 1986 年由国务院颁布的《银行管理暂行条例》，其中仅三个条文与信托公司相关，涉及信托公司的设立与信托公司的经营范围。而在经营范围上，也并未划清信托与其他金融业务的界限，将信托业务规定为“资金和财产委托、代理资财保

---

① 参见最高人民法院民事审判第二庭编著：《〈全国法院民商事审判工作会议纪要〉理解与适用》，人民法院出版社 2019 年版，第 495 页。

② 参见郭翔：《中国第一破产案始末及警示》，载《银行家》2005 年第 1 期。

③ 参见江平、周小明：《论中国的信托立法》，载《中国法学》1994 年第 6 期。

管、金融租赁、经济咨询、证券发行以及投资等业务”。第二个规范性文件是中国人民银行于1998年颁布的《金融信托投资机构管理暂行规定》，其中的规范仅适用于营业信托，并且仍然未能明确信托的基本法律构造。它将信托定义为“受托人按照委托人指明的特定目的或要求，收受、经理或运用信托资金、信托财产的金融业务”，然而对于信托财产的性质、法律归属等重要问题均未涉及。因此说，这些行政法规和部门规章本身，仍然是有待进一步“规范”的规范。① 事实上，这些有待规范之处由于涉及了“民事基本制度”，因而也不是在行政法规或部门规章层面能够得到解决的。因此，虽然当时立法者起草《信托法》的初衷在于对营业信托进行调整，但信托实践中出现的诸多问题都与缺乏旨在规范信托关系的基本法律有关，故制定一部能够解决信托基本问题的法律规范是具有重大意义的。② 所以，我们可以说现行《信托法》中的基本概念和规则是被“捆绑式”地移植到中国，无疑将受到我国既有民事法律制度的影响，并将引发相应的问题。③ 在这样的背景下，《信托法》于1993年被列入八届全国人大立法规划，并将其确定为“要抓紧制定”的一部法律。④ 从相应的规范制定上来看，自2001年10月我国《信托法》开始正式实施后，行政机关又相继出台了一系列规范性文件，以使信托财产独立性规则得以快速落地。中国人民银行于2002年的6月13日公布了《信托投资公司资金信托管理暂行办法》，其中第十四条就是关于受托人应当分别开立账户，以实现财产的分别管理。中国人民银行又于次年下发了《关于信托投资公司人民币银行结算账户开立和使用有关事项的通知》，对于信托公司的账户设置、信托财产专户的开立、信托财产专户的使用、信托账户的撤销和变更等问题

---

① 参见江平、周小明：《论中国的信托立法》，载《中国法学》1994年第6期。

② 参见张绪武：《全国人大法律委员会关于〈中华人民共和国信托法（草案）〉审议结果的报告》。

③ 参见王涌：《论信托法与物权法的关系》，载《北京大学学报（哲学社会科学版）》2008年第6期。

④ 参见田纪云：《全国人民代表大会常务委员会工作报告——1994年3月15日在第八届全国人民代表大会第二次会议上》，载《中国人大》1994年第7期。

进行了更为细化的规定。在当时以资金信托为主的市场环境下，《信托法》以及相应规范性文件的出台，对于信托业务的专户报备存放已经形成了较为成熟的做法，从而实现了信托资金的独立性。①

综上所述，在宏观层面，我国《信托法》的制定是为了规范营业信托业务。在具体规则层面，我国《信托法》的立法目的在于实现信托财产安全、有效的管理。其中，最为重要的是明确受托人并非如传统民法中所有权人那样，可以自由地行使财产之上的各种权能，并且将财产作为个人对外的责任财产。可以认为，我国制定《信托法》的最主要目的就是实现信托财产的独立性。本书也将在第二章指出，信托财产的独立性是信托制度的灵魂，是信托关系区别于其他法律关系的核心特征。对此的正确认识是解决信托财产法律归属问题，以及对《信托法》第二条进行正确法律解释的基本前提。

二、《信托法》第二条的制定过程

按照全国人大常委会的立法规划，自 1993 年 8 月起，由全国人民代表大会财政经济委员会成立的起草小组负责《信托法》的起草工作，并于 1996 年 11 月 29 日，将其讨论通过的《中华人民共和国信托法（草案）》（以下简称“草案”）提交八届全国人大常委会进行审议。“草案”第三条规定：“本法所称信托，是指委托人基于对受托人的信任，将其财产权转移给受托人，受托人按委托人的意愿以自己的名义，为受益人的利益或特定目的，管理或处分财产的行为。”其中，明确了信托是一个包含了财产权由委托人移转给受托人过程的法律行为。如果该“草案”能够最终保留并通过，那么信托财产将无疑归属于受托人，进而实现信托的制度功能。但是，对于这一表述，一些立法者表现出了担忧，认为一旦信托财产归属于受托人，委托人将难以对信托财产的利

① 参见最高人民法院民事审判第二庭编著：《〈全国法院民商事审判工作会议纪要〉理解与适用》，人民法院出版社 2019 年版，第 497 页。

用进行监督，并且导致受托人权利过大，极易危及受益人的利益。[①] 在审议过程中，鉴于各方对“草案”的内容存在诸多分歧，故常委会未对该草案进行再次审议。

经过进一步的立法研究，全国人大法律委员会于2000年6月29日向全国人大常务委员会提交了修改后的《信托法》草案，即《中华人民共和国信托法（草案）（二次审议稿）》（以下简称“二审草案”）。对于信托的定义，“二审草案”第二条规定：“本法所称信托，是指委托人基于对受托人的信任，将其财产权委托给受托人，由受托人按委托人的意愿以自己的名义，为受益人的利益或特定目的，进行管理或处分的行为。”与“草案”相比，“二审草案”除了两处措辞上的变化外，将“转移”改为了“委托”，而在我国民法的语境下，“转移”与“委托”在解释论上具有不同的法律含义。在信托财产为有体物的情况下，财产权的转移意味着所有权变动，而将财产权委托则并不具有物权变动的含义。

这一条文为《中华人民共和国信托法（草案）（三次审议稿）》所继续沿用，并于2001年4月28日在全国人大常委会上获得通过，成为现行有效的法律。对于此项变动，相关的立法文件中并未给出改变的具体原因。根据由全国人大常委会法工委编的《中华人民共和国信托法释义》，[②] 信托法的制定应当照顾到本国的国情，将信托定位为委托人将财产委托管理可能更便于人们接受；相反，“从委托人来说，委托人一旦将财产交付信托，即丧失其对该财产的所有权，不再属于其自有财产，这就会使一些人接受起来颇费思量”。[③] 此外，还有立法者指出，大陆法系固有的一物一权原则与英美法系上的双重所有权制度相互排斥，这种冲突构成了信托制度的最大理论障碍。因此，在制定信托法的

---

① 参见于海涌：《论英美信托财产双重所有权在中国的本土化》，载《现代法学》2010年第3期。

② 全国人民代表大会常务委员法制工作委员会编：《中华人民共和国信托法释义》，法律出版社2002年版。

③ 参见卞耀武主编：《中华人民共和国信托法释义》，法律出版社2002年版，第4页。

大陆法系国家和地区，立法者通常对此持极为谨慎的态度，学者们也都竭尽全力，通过各种解释路径为信托制度构建一个合法的外衣。据参与起草我国《信托法》的学者指出，之所以发生这样的改变（未强调信托财产的移转），只是有观点认为英美法系信托财产的双重所有权结构难以与我国民法体系融合，为了避免与大陆法系一物一权原则相冲突，才回避了这一表述，但立法者并无意改变具有英美法系传统的信托实质。① 这样一来，传统英美法系中的信托法原理与我国《信托法》的特定表述方式造成了信托财产归属问题在解释上处于模糊状态，有学者也将其称之为立法上的“真空”。②

三、围绕信托财产权属的解释冲突

基于《信托法》第二条中采用“委托给”的表述，多数学者认为在现行法下，设立信托，委托人与受托人之间并未发生财产权的移转，委托人仍然保留财产之上的所有权。这一观点一般立足于对《信托法》的文义解释。《信托法》第二条中使用的“委托”一词，并没有转移财产所有权的意思，据此，即便在信托设立后，信托财产仍然归属于委托人。③ 结合我国目前的单一所有权观念，信托财产之上有且只有一个所有权，此权利只能由委托人享有。④ 作为狭义的法律解释方法，包括文义解释、体系解释、当然解释等，它们的目的就是探求法律文义的可能范围。⑤ 而由于法律解释的各种方法对于立法者本意的尊重程度存在差异，因而对于司法者自由裁量限制越多的解释方法就越具有优先适用的

---

① 参见周小明：《信托制度：法理与实务》，中国法制出版社 2012 年版，第 41 页。

② 参见于海涌：《论信托财产的所有权归属》，载《中山大学学报（社会科学版）》2010 年第 2 期。

③ 参见张淳：《条款增补：我国信托法中的重要创造性规定的完善》，载《河北法学》2005 年第 12 期。

④ 参见张淳：《我国信托财产所有权归属的态度及法律审视》，载《甘肃政法学院学报》2007 年第 9 期。

⑤ 参见杨仁寿：《法学方法论》，我国台湾地区三民书局 1986 年版，第 119 页。

地位。一般认为，文义解释是直接依照立法者设计的条文来确定其含义，充分体现了法律适用者对立法者价值判断的尊重。[①] 故只有在文义解释不能揭示出法律文本的真实含义时，才能考虑其他解释方法，因而，经文义解释得出的结论往往具有相当强的说服力。

反对者则提出了以下的反对理由，并指出信托财产应归属于受托人。第一，根据传统信托的基本原理，信托财产只能归属于受托人或受益人，委托人几乎没有保留“所有权”的余地。信托财产的移转是信托设立的必要前提条件。[②] 第二，从域外立法经验来看，无论英美法系还是大陆法系国家和地区，鲜有委托人持有信托财产的先例。[③]我国特立独行的立法模式势必与国际通行的商事制度相去甚远，不符合商法国际性的要求。第三，信托财产由受托人实际控制，其权利在性质上应当属于物权的范畴。而如果由委托人享有信托财产的所有权，那么受托人享有的只能是他物权，但根据大陆法系的物权体系，尚无法划入任何一种物权的种类。[④]如此一来便违反了物权法定的基本原则。第四，若委托人享有信托财产的“所有权”，则会对受托人的管理和处分行为造成影响，第三人难免会担心受托人的行为属于无权处分。[⑤]长此以往，将对信托财产的交易造成负面影响。但是，上述各种理由并没有针对“委托人说”中最强有力的文义解释作出正面回应，而是从其他“应然”角度对文义解释的结论提出质疑，并提出“立法建议”。应当看到，随着如今我国《民法典》的出台以及各类民商事基本法律的制定，市民社会的各个领域均已有法可依，法学工作者应当完成从立法论到解释论的转变，运用各种解释方法，消除规则、制度之间的矛盾，从而形成有秩序的法治与善治社会。[⑥]

不可否认，一些学者也在解释论上作出了尝试，以论证信托财产归属于受托人。从文义解释方法入手的反对者认为，《信托法》第二条中

---

① 参见王利明：《法学方法论》，中国人民大学出版社 2011 年版，第 324 页。

②③④⑤ 参见于海涌：《论信托财产的所有权归属》，载《中山大学学报（社会科学版）》2010 年第 2 期。

⑥ 参见王轶：《从“照着讲”到“接着讲”》，载《法学论坛》2011 年第 2 期。

的“委托给”应当拆分为“委托”和“给”，其中“委托”侧重于对设立信托之意思表示方面的要求，而“给”则表明信托财产所有权的移转。[①] 因此，所谓的“委托给”实际上包含了标的财产权移转的因素，故与英美法系信托制度别无二致。这种解释的问题在于，即便承认这种拆分法，其中的“给”字在我国民法上也并不当然具有权利移转的确定含义。如《民法典》第三十六条规定了法院撤销监护人的情形，其中第二项中就出现了监护人将监护权“委托给他人”的表述。该条中的“给”即不具有监护权整体移转的含义，受托人并非监护人，而是得到了监护人的授权而行使权利、承担责任的民事主体。[②] 从作用上看，这个“给”字也仅具有语法上介词的意义。此外，有学者主张对《信托法》第二条的“委托给”作扩张解释，即“委托给”的表述包含了财产权的移转。[③] 但毕竟从体系解释上来看，委托一词在我国民商法的语境下，并不具有财产权移转的含义。在明确文义并未强调要物性的情况下，将委托视为包含了权利移转的观点显然超出了扩张解释方法的极限。若要实现这种解释结论，必须另辟蹊径。

作为对反对观点的补充，笔者认为，这种立足于文义的解释恰恰忽略了对《信托法》第二条规定本身的整体解读，以及“委托”一词所处的语境。这种解释实际上是将制定法直接等同于法律规范而跳过了法律解释的环节。根据该条对信托的定义，其并非是对一种业已成立或生效的法律关系的描述，而是将其定位为法律行为。对此，笔者将在第三部分运用文义解释的方法，立足《信托法》第二条，从法律行为的角度对信托财产权的移转以及“委托”一词的含义进行分析。

---

① 参见钟向春、周小明：《信托活动中的主要法律问题与对策》，载《中国金融》2001 年第 11 期；耿利航：《信托财产与中国信托法》，载《政法论坛》2004 年第 1 期。

② 参见石婷：《论国家对未成年人监护的公权干预——以保障留守儿童的合法权益为视角》，载《当代青年研究》2014 年第 3 期。

③ 参见王利明：《信托合同与委托合同的比较》，载《暨南学报（哲学社会科学版）》2019 年第 4 期。

四、司法审判中的解释冲突

应当指出，移植自英美法系的信托制度，长期以来未能在我国实现本土化。由于《信托法》本身对于信托财产归属问题的模糊处理，导致司法机关对适用《信托法》持回避态度，委托人与受托人之间以信托关系而对簿公堂的现象也不多见。①

直到2013年，我国才有了第一例真正意义上的信托法诉讼。② 该案涉及以基础资产的收益权作为信托财产的结构化融资交易，其中信托是否成立进而产生法律效力，是确定双方当事人权利义务的关键环节。在该判决中，法院虽然确认了信托的效力，但却回避了信托财产的法律归属。③ 不过，从裁判思路上看，法院仍然隐含地确认了信托财产归属于受托人，概因无法绕开《信托法》第二条的基本文义，而没有对财产权属进行直接认定。在该案中，如果将信托财产界定为委托人的财产，那么该信托将因违反金融监管规定而无效；相反，如果将该交易解释为一项包含了财产权移转的资产证券化，则能够产生当事人预期的法律效力。就此而言，法院承认信托效力的做法从侧面肯认了受托人享有信托财产的所有权。此外，在法院的执行裁定中，也存在确认信托财产已经发生移转，进而不归属于委托人的观点。如，在武汉市中级人民法院（2019）鄂01执异786号裁定中，作为信托委托人的计划发起人在银行开立监管账户，用于接收募集的资金以及后续的回款等，但在计划存续期间，委托人无力偿还对外负债，债权人向法院申请强制执行监管账户中的信托财产，而作为受托人的计划管理人向法院提出了执行异议。在裁定中，法院从财产已经得到特定化的角度以及当事人已经将基

① 参见周吉高、赵虎阳、阚蓉：《信托纠纷第一案全程办案实录》，法律出版社2014年版，第1页。

② 参见上海市高级人民法院（2013）沪高民五（商）终字第11号民事判决书。

③ 参见高凌云：《收益权信托之合法性分析——兼析我国首例信托诉讼判决之得失》，载《法学》2015年第7期。

础资产的收益权进行了登记为由，支持了作为案外人的受托人的请求。[①] 这一裁定同样是从侧面承认了在一项资产证券化交易中，委托人对于基础资产已经不再享有所有权性质的权利，否则将因该财产在性质上属于委托人的责任财产而被其债权人强制执行。

与之相反，在处理广东国际信托投资公司（以下简称广国投）破产案的过程中，法院认定信托存款性质时的说理，则从侧面支持了信托财产归属于委托人的观点。在该案中，部分信托存款的权利人向法院提出取回作为信托财产的存款。根据这些债权人的主张，作为信托受托人的广国投不享有财产之上的所有权，其权限仅限于经营和管理，委托人仍然对财产享有所有权。法院则认为，信托存款在性质上不属于信托关系，而仅构成债权债务关系，因此驳回了债权人的请求。[②] 那么，从反面对此进行解读可以认为，如果认定该信托存款构成信托关系，则财产的所有权就应当属于委托人。

五、最高人民法院对信托财产的表述

我国最高人民法院于 2019 年 12 月颁布了《全国法院民商事审判工作会议纪要》（以下简称《民商事审判会议纪要》），其中，对关于营业信托纠纷案件的处理提出了要求。其中的规定虽然避开了信托财产的所有权移转问题，但在第九十五条关于信托财产的诉讼保全中确认了信托财产的独立性，以回应司法实践中在法律解释上的冲突，以期实现法律适用的确定性。

然而，信托财产的独立性只能建立在财产所有权转移这一法律事实的基础之上（对此，笔者将在第二章作出详细论证）。在商事信托中，按照资产证券化中破产隔离实现的一般法理，脱离对基础资产的“真

① 参见湖北省武汉市中级人民法院（2019）鄂 01 执异 786 号执行裁定。

② 参见广东国际信托投资公司破产案，载《最高人民法院公报》2003 年第 3 期。

实出售”（True Sale），这种破产隔离将无从实现。[①] 资产证券化的交易逻辑在于将融资人信用转化为特定资产的信用，因此，一项资产证券化首先需要完成的是将特定资产完全转移到特殊目的载体（Special Purpose Vehicle，SPV）中，以确保该资产不会受到发起人债权人的追索。那么，为了达到上述目的，必须存在当事人之间的法律行为，同时作出符合会计准则的处理，才能被认定为真实出售。在法律上，这种法律行为体现为物权行为或准物权行为，即应当完成基础资产的（准）物权变动。如，不动产须进行不动产所有权变更登记；以财产性权利作为基础资产的，应在相关行政管理部门进行权利变更登记等。在会计上，这种转移体现为将基础资产从发起人的资产负债表中清除。这种清除出表的行为必须达到所在地区会计准则中的要求。

《民商事审判会议纪要》第九十五条一方面重申了信托财产与委托人未设立信托的财产相互独立，而另一方面继续沿用了《信托法》第二条的表述，即“委托人将其财产委托给受托人进行管理”。从中可以看出，最高人民法院在这一问题上的心态。一方面，希望信托发挥其破产隔离的制度功能，在面对委托人之债权人时，保持信托财产（基础资产）的独立性。即“当事人因其与委托人、受托人或者受益人之间的纠纷申请对存管银行或者信托公司专门账户中的信托资金采取保全措施的，除符合《信托法》第17条规定的情形外，人民法院不应当准许”。而另一方面，则必须以法律的明确规定为前提。《信托法》作为法律，其在第二条中已经规定了委托人与受托人之间的财产委托关系，作为司法解释，难以对其进行突破。这就造成了在我国信托实践中，财产的独立性并非建立在受托人享有所有权的基础之上，或者说，基础资产的破产隔离可能并不以财产的真实出售为前提。事实上，最高人民法院的这种态度，与《信托法》起草之时立法者的心态如出一辙。我国《信托法》虽然对信托财产权是否移转问题作模糊处理，但对于信托财

① 参见彭冰：《资产证券化的法律解释》，北京大学出版社2001年版，第20~27页。

产独立性问题从一开始就毫无保留地接受了。[①] 笔者将在下一章通过分析指出，信托财产涉及三个方面独立性，同时实现这些独立性必须以财产权的移转为前提，也即必须由信托受托人享有信托财产所有权为前提。

六、小结

我国的立法者希望通过信托法的移植，能够在特定财产之上产生独立性的法律效果，从而实现信托市场的有序发展。但同时，立法者也存在两个顾虑，因而在《信托法》中并未明确信托财产的法律归属。其一，立法者担心委托人在丧失财产所有权后，其合法权益将难以得到保护。其二，立法者忌惮受托人享有所有权后，将出现双重所有权的权利格局，进而触及大陆法系一物一权的基本原则。因此，在立法上进行了模糊处理，并未明确财产权的移转，导致了法律解释上的冲突。在学理解释上，主张信托财产归属于受托人的观点，难以在解释论上寻找到合理的路径。在司法实践中，法院往往回避对信托财产归属问题进行解释，但同时希望实现信托财产的独立性。

① 参见高凌云：《被误读的信托——信托法原论》，复旦大学出版社2009年版，第29页。

第二章　信托财产独立性实现视角下信托财产的法律归属

一般认为，信托的制度功能包括财产转移与财产管理。① 而在《信托法》实施前，委托人与受托人之间类似的社会关系只能由《民法通则》《合同法》等法律进行调整，所形成的关系也只能构成合同关系等。在我国，许多观点认为，以1979年中国国际信托投资公司的成立为标志，信托关系已经在我国的商事领域得以确立。这种认识似乎忽略了法律关系仅用于指代那些经由法律调整而成的社会关系。不过，从相关的司法裁判来看，在2001年《信托法》实施前，确实存在一些被法院确认了的信托关系。② 这不免让人产生这样的疑问，即在缺乏一部旨在调整信托关系法律的情形下，当事人之间是否能借助合同法或其他法律规范，通过意思自治成立一项法律关系，并且该法律关系能够覆盖信托的制度功能。本部分将通过分析指出，信托的核心制度功能在于信托财产的独立性，这一制度功能的实现无法借助其他法律关系或制度加以实现，而欲实现该功能，必须完成信托财产权的移转，使得信托受托人享有信托财产的所有权。

---

① 参见周小明：《信托制度：法理与实务》，中国法制出版社2012年版，第73页。

② 参见最高人民法院经济审判庭编：《最高人民法院审理的二审再审经济纠纷案例选编（二）》，人民法院出版社1997年版，第452~455页；另见最高人民法院（1998）知终字第8号民事判决书。

一、信托的核心制度功能

（一）财产转移功能及其实现

财产转移是指委托人将自己的财产通过设立信托的方式转移给自己指定的受益人。一个经常被用于说明此制度功能的例子是：委托人年事已高，希望将其合法所有的财产赠与自己的子女，但由于子女年幼，或因担心子女将财产肆意挥霍，故将财产设立信托，由信托受托人按照委托人的设计，如定期或当子女到达指定年龄后，将信托利益分配给其子女。此时，信托是财产在委托人与受益人之间实现流转的中间媒介。[①] 在英国封建时期，为了实现封建统治，法律规定土地之上的特定权益（Estates）只能由权利人的直系血亲继承，当其中出现无子嗣一代时，权益回复到最初权利人手中。这种仅限于特定继承人继承的权益被称为 fee tail。正如托马斯·杰斐逊（Thomas Jefferson）所言，fee tail 和长子继承（primogeniture）一样令人厌恶，它使得贵族权力永久地存续。因而，直到 14 世纪遗嘱自由被允许之前，作为信托制度前身的 Use 制度一直被视作财产权利人，特别是土地保有人进行土地权益转让的工具，土地保有人通过 Use 将其土地在其死后转让给朋友、次子、教会等。但土地上的各种 Estates 在今天来看已没有多少现实意义，三种类型化的法定自由保有，除已几乎等同于完全所有权的 Fee simple（最大地产权）外，Fee Tail（限嗣继承地产权）已被废除，Life Estate（终身地产权）以及由其衍生的 Future Interest（未来利益）也已经被现代信托所取代。[②] 更为重要的是，作为其产生土壤的封建继承制也早已消失殆尽。而在现代英美社会，信托财产转移功能的重要性与遗产检验程序的

---

① See Henry Hansmann & Ugo Mattei, The Functions of Trust Law: A Comparative Legal And Economic Analysis, 73 New York University Law Review, 1998, p. 435.

② 参见赵萃萃：《论英美信托法的特质》，载《东岳论丛》2010 年第 3 期。

烦琐、浪费密不可分，而该程序在我国并不存在（对此，笔者将在第五部分详细论述）。在大陆法系国家和地区开始大规模移植英美信托法之际，之前普遍存在的封建继承制度已经不复存在，因此，通过信托方式进行财产移转以规避法律限制的制度功能也随之弱化。而抛开继承制度不谈，这一制度功能在合同法的调整下亦可实现。具体的操作路径如下：

首先，委托人将财产转移给受托人占有，同时将财产的所有权移转给受益人。或者，可以直接将财产转移给受托人，使其成为财产的所有权人。

其次，委托人、受托人以及受益人在合同中达成关于委托人、受托人以及受益人的各种权利、义务以及法律责任的合意。在受托人的权利（委托人、受益人的义务）方面，约定受托人有权从委托人、受益人处或从财产及孳息中取得约定的报酬；受托人在处理所托付的事务过程中以固有财产先行垫付的，有权从委托人、受益人或所托付的财产中获得补偿。在受托人的义务（委托人、受益人的权利）方面，详细约定受托人的信义义务（忠实义务、注意义务）以及其他诸如支付信托利益或本金的义务；分别管理、分别记账义务；定期报告、披露义务；保密义务；清算义务等。此外，还可以在受益人的权利方面约定享有解任权等。在受托人的法律责任方面，约定受托人违反上述忠实义务、注意义务的，除应当承担赔偿损失外，还应当承担将所获得的利益归入受托财产之中的法律责任。

应当注意的是，在奉行严格物权法定的国家，上述安排可能因当事人擅自改变了所有权的内容进而无法产生物权效力，只能在解释上类推适用附义务的赠与，或有关委托、代理的相关规定。详言之，在委托人将财产的占有转移给受托人，而将所有权转移给受益人的情况下，受益人凭借其所享有的所有权足以对抗财产之上的债权人或占有人，从而突破委托人的意愿，提前获得财产。因为，当事人之间关于财产分配方式以及用途等方面的限制，已经构成了对受益人所有权内容的限制，而在法律层面，并没有对这种限制的合法性进行任何形式的确认。而在由受托人享有财产所有权的情形中，基于同样的道理，其之后的各种义务均属于债法上的义务。在这两种情况下，权利人都只能通过请求不当行为人承担违约责任的方式维护自身权益。

而也应当看到，上述的权利义务安排仅发生在当事人内部，只要当事人之间不产生争议，其内部安排就可以顺利实现。正所谓“民不举官不究”。按照上述的交易安排，并在诚实信用原则的调节下，由《合同法》《继承法》调整的此类社会关系可以基本实现信托财产转移的制度功能。此外，在一些特定的商事信托中，严格物权法定主义的此种限制将不复存在。以证券投资基金为例，投资者将其金钱的所有权转移给受托人，由后者按照约定进行证券投资。此时，代理等合同关系可以完全反映当事人之间的权利义务。与《信托法》中将上述大部分约定的内容以任意性规范的形式进行规定不同，在合同法的处理下，当事人以协商的方式确定各自的权利、义务，甚至法律责任。虽然会增加当事人的交易成本，但这种成本的增加并不显著。[①] 换言之，信托法的制定和实施，使得委托人与受托人建立上述的法律关系变得更为简单，但在脱离封建继承制度束缚后以及不存在遗产认证程序的情况下，信托法并非成立上述关系中不可或缺的要素。

（二）财产管理功能的实现

普通法系中的私人信托本质为一种赠与，而由于这种赠与的时间将延长至未来，所以需要相应的管理机制。[②] 在赠与人和受赠人之间加入一个受托人的设计很不灵活，且耗费成本，而赠与人之所以仍然选择设

① See Henry Hansmann & Ugo Mattei, The Functions of Trust Law: A Comparative Legal And Economic Analysis, 73 New York University Law Review, 1998, p. 454.

② See Bernard Rudden, “John P · Dawson's Gifts and Promises”, 44 Modern Law Review, 1981, p. 610

立信托来完成赠与，无非是想从中获得相应的补偿。[①] 这种补偿就体现为借助受托人对信托财产的管理，实现委托人的“死手利益”，同时，更为重要的是实现财产的保值、增值。

与信托制度产生初期以消极的财产转移为主要目的不同，现代信托越来越多地以实现财产的有效管理为主要目的。从信托制度产生之初至今，社会中财产的形态发生了颠覆性的变化。在过去，财产类型单一，受托人几乎都是业余性质的，作为社区中的名人，他们提供无偿的信托服务，他们的名字只不过是被借用，以实现财产的移转。[②]传统的以有体物为主要财产形态的时代已经成为历史，取而代之的是多样化的财产类型。在现今社会，财产不仅包括有体物，还包括各种类型的权利，知识产权、股权、票据以及更为复杂的金融资产。面对这样的事实，委托人不得不越来越依赖受托人的专业技能以实现财产的保值、增值。这些专业受托机构在投资管理、财务会计、税收、法律和信义管理方面都是专家。[③]因此，虽然法律不排斥自然人受托人，但无论民事信托还是商事信托，以经营信托业务为其生计的职业化的信托机构已经成为现代社会中最常见的受托人。在受托人被赋予广泛的投资权限的同时，信托法的任务就是用信义义务约束受托人的行为，使受托人在管理信托财产过程中尽到各种包括谨慎义务在内的信义义务。这种信义治理模式已经被实践证明是一种行之有效的利益平衡策略，从而被各国《信托法》所采纳。

在缺乏《信托法》的情况下，这种信义治理仍然可以通过当事人之间的约定实现。当事人以条款的形式约定受托人应当在何种程度上尽到其注意义务，甚至能约定以是否采用了资产组合的方式进行投资为客观标准，判断受托人的行为是否符合了谨慎义务的标准。而在权利人的保护方面，仍然采用与实现财产转移相同的约定方式，对受托人的各种义务进行详细规定。这样一来，与财产转移功能相同，当事人依然可以

---

①②③　参见［美］约翰·H. 兰贝恩：《信托法的合同基础》，何美欢译，载《清华法学》2004年第1期。

通过契约的形式建立一个能够实现财产管理功能的法律关系。①

（三）作为核心制度功能的财产独立性及其实现

如前所述，当事人完全可以在缺乏信托法的情况下，建立一个能够实现财产转移与财产管理的合同关系。正如 Langbein 教授在其《信托法的合同基础》一文中所指出的，在委托人与受托人之间所进行的信托交易在功能上可以等同于利他合同，信托即合同。② 在此情形下，受托人的信义义务仍然能够产生强制执行的法律效力。从这个意义上讲，认为《信托法》的实施使得“信任义务法律化”③ 的观点似乎夸大了《信托法》的作用。这也在一定程度上解释了在我国和其他大陆法系国家法学界为何依然存在将信托等同于委托或代理的观点。

笔者认为，在大陆法系国家和地区将英美信托制度移植的大背景下，制定、实施《信托法》的首要意义就在于其实现了特定财产的独立性，尤其是财产与权利人本人固有财产的隔离。在英美法系，虽然理论上亦将财产独立性视为信托的重要功能，但是作为一项在中世纪就已经被普遍使用，并且目前仍然沿用的制度，信托同时承载了其他制度功能，这些制度功能在英美法系国家和地区看来，同样是难以被替代的。如前所述，中世纪的人们为了规避封建继承制度，而选择以作为信托制度前身的 Use 制度实现财产转移。在近代的英格兰地区，根据“已婚妇女法律身份”（coverture）的基本规则，女性在婚后，其拥有的不动产将由其配偶接管，而为了规避该规则，女性的家族将财产转入信托中，于是女性可以从不动产中获益，但该财产并非其个人财产，也就不受上

---

① See Henry Hansmann & Ugo Mattei, The Functions of Trust Law: A Comparative Legal And Economic Analysis, 73 New York University Law Review, 1998, p. 455.

② 参见［美］约翰·H. 兰贝恩：《信托法的合同基础》，何美欢译，载《清华法学》2004年第1期。

③ 参见周小明：《信托制度：法理与实务》，中国法制出版社 2012 年版，第 37 页。

述规则的调整了。[①] 现代英美法系国家虽然摆脱了封建继承制度和身份歧视规则，但信托凭借其特有的双重所有权构造仍然发挥着独特的制度功能。其中，作为财产转移功能，财产所有人通过设立生前信托的方式，可以避免烦琐而漫长的遗产检验（probate）程序。这是现代英美法系国家设立信托的一个主要目的。[②] 然而，不同的法制背景极大地淡化了信托上述的功能价值，而对于其他制度功能而言，或可以用既有制度替代，或因缺乏相应的社会基础而变得无足轻重，而唯有信托财产的独立性，是大陆法系国家和地区所欲通过法律移植所实现的制度功能。笔者在第一章也指出，我国移植信托制度的动因就是为了规范营业信托市场，具体就表现为委托人转让财产后，防止信托财产与受托人固有财产的混同。因此，在我国法律的语境下，信托财产的独立性是信托的核心要件和制度功能。也正是在此意义上，英美信托法中承认的特定类型的信托（如可撤销信托，自益信托），由于不具有信托财产的独立性，因而这些在英美法系名为信托的法律关系，在大陆法系的语境下，与委托代理关系是没有清晰界限的。对上述内容的正确认识是理解信托财产所有权移转的前提。也正如那些主张信托属于财产法范畴的学者所指出的，受制于合同相对性，而即便利他合同无法解释和协调合同当事人与外部第三人之间的利益关系，包括受托人的破产隔离、挥霍者信托的避债以及衡平法追及（equitable tracing）。[③] 其中，前两项内容均体现为信托财产的独立性或建立在财产独立性的基础之上。

信托财产在法律上虽然属于受托人，但信托财产仍应当受到信托目的或信托本旨的约束，并为受益人的利益或特定目的的实现而独立存在。换言之，信托财产具有与各个当事人相互独立的法律地位，实际上

---

① 参见［美］劳伦斯·M. 弗里德曼：《遗嘱、信托与继承法的社会史》，沈朝晖译，法律出版社2017年版，第29页。

② 参见［美］劳伦斯·M. 弗里德曼：《遗嘱、信托与继承法的社会史》，沈朝晖译，法律出版社2017年版，第139~145页。

③ See Henry Hansmann & Ugo Mattei，The Functions of Trust Law：A Comparative Legal and Economic Analysis，73 N. Y. U Law Review，1998，p. 466.

自应与委托人、受托人以及受益人的固有财产或未设立信托的其他财产分别管理，使其个别独立，以实现信托目的，是为信托财产的独立性。[①] 这种独立性是现代信托制度的核心和灵魂。[②] 我国有学者早在《信托法》颁布前就曾指出“信托财产最根本的特征在于其独立性”，[③] 但并未对此作出更为深入的研究和阐述。我国学术界既有的研究对此的认知严重不足，往往笼统地去看待信托的这一特征，而恰恰了忽略其中最为显著的、使之区别于其他类似制度，特别是委托代理制度的核心部分。抛开问题的理论意义，任何制度功能的发挥无不建立在其核心要件之基础上。在缺乏对核心要件有足够清晰认识的情况下进行制度设计如同空中楼阁。在金融实践中，监管者之所以屡次强调使信托回归本源业务，也是因为以往的信托业严重地偏离了其核心要素和制度功能。因此，我们必须透过双重所有权的面纱，关注于信托制度的核心功能，探究通过怎样的制度设计以及法律解释能够实现这一制度功能。

这种信托财产独立于受托人的法律效果是由合同法等其他法律所无法实现的。也正是由于信托财产具有这样的独立性，方使之区别于简单的合同安排，并填补了由合同相对性带来的仅在当事人内部产生效力的缺陷。[④] 正如有学者所评价的，“信托法对法律制度的贡献并不在于其创设了三方主体之间的法律关系，而在于其设计了信托各方当事人与各自债权人之间的财产分配与利益实现机制”。[⑤] 在后文中还将详细说明，这一制度功能的实现必须借助信托法的专门调整，而无法像上述财产转移与财产管理那样通过当事人之间的意思自治而实现。

也正因如此，在《信托法》实施前，虽然我国已经存在信托实践，

---

① 参见王志诚：《信托法》（第六版），我国台湾地区五南图书出版股份有限公司 2017 年版，第 148 页。

② 参见［英］D. J. 海顿：《信托法》（第 4 版），周翼、王昊译，法律出版社 2004 年版，第 16 页。

③ 参见李群星：《论信托财产》，载《法学评论》2000 年第 1 期。

④ 参见朱圆：《论信托的性质与我国信托法的属性定位》，载《中外法学》2015 年第 5 期。

⑤ See Henry Hansmann & Ugo Mattei, The Functions of Trust Law: A Comparative Legal And Economic Analysis, 73 New York University Law Review, 1998, p. 466.

但该段时期调整信托关系的规范性文件主要是由中国人民银行制定的《金融信托投资机构管理暂行规定》，其中的规定主要是针对信托公司的经营活动进行监督管理，① 因而此时期的信托虽然名为信托，但并不具备财产独立性的法律特征，因而不能将其视为现代意义上的信托关系。

二、信托财产独立性的不同面向及特征

（一）信托财产独立于委托人

首先，委托人的债权人不得以信托财产实现其权利。对此，我国《信托法》第十五条前句作出了规定。这种相互分离所产生的直接意义之一就是委托人的债权人不得对已经设立信托的财产主张权利，除非委托人同样是信托的受益人，或在财产之上享有优先权。《信托法》第十七条关于禁止强制执行信托财产的规定就是对此规则的确认。在信托关系设立前，委托人是信托行为的当事人，而一旦信托关系成立，委托人便退居利害关系人的地位。② 依传统信托法原理，信托设立，委托人即退出信托关系，除非法律明确规定或信托文件明确约定其享有某种权利。在后文中笔者将通过分析指出这种独立性在我国是通过财产权的移转加以实现的：委托人将财产转移给受托人后，自然与其固有财产相互隔离，进而产生独立性。由于信托财产已经转移给他人（受托人），与委托人交易的第三人自然不会因其持有财产的表象而影响其对委托人财务状况的判断。因此，无论在《合同法》还是《信托法》的调整下，只要财产权利完成了移转，信托财产都能够独立于委托人的债权人。就此而言，《信托法》相比于《合同法》并没有创新。③

---

① 参见刘士国：《完善我国信托法的若干问题》，载《法律科学》1993 年第 4 期。

② 参见施天涛：《信托法初论》，载《中外法学》1994 年第 2 期。

③ See Henry Hansmann & Ugo Mattei, The Functions of Trust Law: A Comparative Legal And Economic Analysis, 73 New York University Law Review, 1998, p. 454.

其次，委托人的财产也独立于因受托人管理、处分信托财产而产生的债务。对此，《信托法》第十五条后句进行了规定。从该条以及同法第十七条关于信托财产独立于委托人的债权人的规定可以看出，当信托设立后，信托财产就和委托人未设立信托的其他财产区别开来而成为一个独立的财团。根据信托原理，在信托设立之后，委托人本人就丢失了对该信托财产的所有权，成为不相干的陌生人。① 当然，委托人可以在信托文件中以保留权利的方式实现对信托的控制，但这种控制绝不是通过享有信托财产的完整权而实现的，如前所述，其性质是一种以约定方式确定的请求权。信托设立后的实际情况是，受托人按照信托文件的约定，对信托财产进行管理和处分。在这一过程中，对外发生的债务，根据《信托法》的相关规定，应当由信托财产承担法律责任。这种将信托设立后的委托人描述为与法律关系不相干陌生人的表述还揭示了信托财产独立于委托人的双向性。即：不仅委托人的债权人无法就信托财产主张权利，同时，信托财产的债权人也不得针对委托人的固有财产主张权利。

从功能上看，《信托法》的制定和实施并不是实现这一制度功能的必要条件。事实上，《信托法》也仅在财产分离的层面对委托人的财产和信托财产相互独立进行了确认，除此以外并无其他更为深入的调整。也正如后文即将论证指出的，信托财产独立于委托人的实现机制是信托财产权的移转，而非《信托法》的特别调整。由此来看，信托财产独立于委托人功能的实现完全可以借由《民法典》合同编、物权编等加以完成。在此意义上，《信托法》并非不可或缺。

这种效果与组织法中出资人（股东、有限合伙人）的法律责任类似，即仅以出资为限承担法律责任。在实践中这种财产的独立性，或者在组织法中被称为财产区隔、出资人的有限责任的性质具有重要意义。这种有限责任规则的建立在出资人与其出资财产之间形成了一道屏障，

① 参见徐孟洲主编：《信托法》，法律出版社2006年版，第139页。

以促进社会投资。[①] 这种有限责任对于商事信托的实践至为重要。以证券投资基金为例，我国《证券投资基金法》明确规定了出资人以其所持基金份额承担风险，若要求委托人对基金的债务承担连带责任，则将严重打击投资者的积极性，从而不利于经济的发展。曾担任哥伦比亚大学校长的Butler曾经高度评价这种有限责任制度的进步意义，在他看来，有限责任是当代最伟大的发明，其产生的意义甚至超过了蒸汽机和电的发明。[②]

在实践中，确立信托财产独立于委托人的债权人在商事与民事活动中都至关重要。商事实践中运用广泛的资产证券化业务之所以可以由信托作为特殊目的载体，一个关键因素就是《信托法》第十五条所确立的信托财产独立于委托人未设立信托的个人财产。委托人与充当特殊目的载体的信托以真实出售（true sale）的方式实现财产权的移转，从而与委托人自身的破产风险相互隔离，保护了受益人的财产安全。从这个角度来看，如果在实践中仅要求将财产与融资人的破产风险相隔离，《信托法》事实上并非不可或缺。如在一些法域的实践中，特殊目的机构有时也以创始机构所设立的完全子公司（wholly owned subsidiary corporation）的形式存在。[③] 这也就可以理解成，按照我国相关的规定，信贷资产证券化业务多由信托担任特殊目的载体，而对于以应收账款以及不动产为基础资产的，则由证券公司设立的“专项计划”担任。因为，他们各自都能产生基础资产与委托人的破产风险相互隔离的预期效果。在民事信托中，委托人的死亡，信托财产并不当然地作为其遗产被其继承人所继承。信托与遗嘱在处理遗产上的一个显著区别在于前者并未将财产之上的完整权移转给受益人，而后者则将遗产的完整权移转，继承人享有财产之上的全部权利。而委托人之所以通过设立信托来处理其遗

---

① 参见赵磊：《私法主体“有限责任”辨——兼谈我国自然人破产制度建立之必要》，载《财经科学》2007年第8期。

② 参见施天涛：《公司法论》，法律出版社2006年版，第10~11页。

③ See Robert Dean Ellis, Securitization Vehicles, Fiduciary Duties, and Bondholder's Rights, 24 Journal of Corporation Law, 1999, p. 300.

产，一个核心的考虑就是通过其信任的受托人实现财产在其死后的有效管理，以按照其意愿进行使用，或者防止继承人造成财产的贬损。这些制度功能的前提就是信托财产不作为委托人的遗产而在委托人死亡时由其继承人所继承。

（二）信托财产独立于受托人

受托人非因信托事务对外负债的，其债权人不得就无关的信托财产实现其权利。《信托法》第十六条中前句确立了信托财产独立于受托人固有财产的基本规则，即信托财产不得混入其固有财产。根据这一规定，信托财产成为独立于其责任财产的财团，而受托人自身的债权人只能就其责任财产主张权利，不得对信托财产主张权利。信托设立后，受托人实际控制信托财产，但该财产的运用必须符合信托文件中所确定的特定目的。因此，为保护信托财产，保障信托目的的完成，应当赋予信托财产独立于受托人财产的法律地位。[①] 信托财产具有自身的独立性，在英美法系国家和地区，受托人被认为是财产名义上的所有权人，但不享有实质意义上的所有权（从信托财产中获益的权利）。因而，信托财产与受托人的固有财产有本质区别，如将二者混为一谈，就将破坏信托财产的独立性，危及信托财产的安全以及受益人的权益。[②] 基于这样的考量，我国《信托法》第二十九条规定受托人在管理、处分信托财产过程中，应当分别管理不同委托人的信托财产，并分别记账；第二十七条规定受托人不得转变信托财产的性质，否则应当承担恢复原状、赔偿损失的法律责任；第三十三条规定受托人必须保存处理信托事务时的完整记录，以便受益人行使监督权。这些规定从不同侧面促成了信托财产与受托人固有财产的相互分离。以此为基础，这种分离所带来的现实意义之一就是受托人非因信托事务而产生的债务，该债权人不得就信托财产实现自己的权利。《信托法》第十七条的规定确认了这一规则。这就

① 参见卞耀武主编：《中华人民共和国信托法释义》，法律出版社 2002 年版，第 79 页。

② 参见余卫明：《信托受托人研究》，法律出版社 2007 年版，第 181 页。

意味着，在无例外规定的情况下，受托人的债权人不得以信托财产实现其债权，从而在外部关系上保障了信托财产的独立性。

信托财产独立于受托人固有财产的一个重要法律意义在于，当受托人发生资不抵债或破产等情形时，信托财产不作为其责任财产。然而，单纯的合同安排仅在理论上能够实现上述的财产独立性。即财产管理人在其对外签订的所有合同中均约定合同相对方放弃在其发生资不抵债时对其特定的责任财产进行追偿的权利。且不论这样的条款能否得到法律的认可，至少从法经济学的角度来看，这种安排也因交易成本过高而不切合实际。[①] 况且，在侵权之债中，由于意思表示适用范围的限制，这种所谓理论上的效果也无从实现。可见，当不存在信托法及信托制度时，则将产生这样的法律效果：由于财产的管理人是财产的所有人，或者至少说是名义上的所有人，该财产将被预设为财产管理人的责任财产。在此意义上，信托法对于信托财产独立于受托人固有财产而言，是不可或缺的。

另一方面，对于信托的债权人能否就受托人的固有财产主张权利，无论在立法上还是学术界均对此存有争议。如果为肯定结论，则这种与受托人有关的财产独立性也具有双向性，反之，则是一种单向的独立性。我国台湾地区学者指出，对于信托的债务人而言，在其与信托财产进行交易的过程中，由于无论是受托人的固有财产还是信托财产对外都体现为受托人的财产，因此，受托人原则上应当以自己的全部财产为担保。[②] 我国大陆地区学者从解释论上对此进行了论证。首先，对《信托法》第三十七条与第三十四条进行体系解释。其中，《信托法》第三十七条首句规定了信托自身债务以“信托财产承担”，而同法第三十四条关于受托人对受益人承担的责任则明确地表述为“受托人以信托财产为限向受益人承担支付信托利益的义务”。相比之下，第三十七条并未

---

① See Henry Hansmann & Ugo Mattei, The Functions of Trust Law: A Comparative Legal And Economic Analysis, 73 New York University Law Review, 1998, p. 455.

② 参见谢哲胜：《信托法》，我国台湾地区元照出版有限公司 2017 年版，第 179 页。

特别指出以信托财产“为限”，同时也并没有排除信托债权人强制执行受托人固有财产的权利。其次，《信托法》第三十二条规定：“共同受托人处理信托事务对第三人所负债务，应当承担连带清偿责任”，这一规定明确地指出了受托人对第三人的债务主体和责任主体的地位。[①]

笔者持相反观点，理由如下：第一，《信托法》第三十四条使用“以信托财产为限”的表述，其目的是防止信托业滋生“刚性兑付”，从而保护受托人的经营安全。[②] 因此，该条特别强调了受托人对受益人的有限责任。在《民商事审判会议纪要》第92条中，也进一步重申了该条属于效力性强制性规范，“刚性兑付”条款因直接违反了该条的规定，因而不产生效力。[③] 而如果按照上述的解释，那么在证券投资基金的实践中，出资人也将为基金债务承担法律责任。因为我国的《证券投资基金法》同样没有规定基金份额持有人（委托人）以“其所持基金份额为限”承担风险，而仅在第三条规定了“基金份额持有人按其所持基金份额享受收益和承担风险”。可见，没有强调以“信托财产为限”并不是否定有限责任的理由。况且，这种以“信托财产为限”的表述也不足以证明受托人对受益人承担有限责任的绝对性，原因在于，该有限责任的前提是受托人已经按照法律的规定与信托文件的约定履行了信义义务。在这一基础之上，受托人管理处分信托财产过程中所造成的损失，才能在信托利益中进行扣减，而无需以其自身财产进行弥补。[④] 对此，《信托法》第二十五条确立了受托人的信义义务的基本内容，同法第二十七、二十八、三十条均规定了受托人以其固有财产向受益人承担赔偿责任的情形。《信托公司管理办法》第三十八条的规定也

---

① 参见赵廉慧：《信托法解释论》，中国法制出版社2015年版，第373~374页。

② 参见周小明：《中国信托业刚性兑付风险及策略》，载《中国市场》2014年第28期；刘迎霜：《金融信托：金融行业抑或制度工具——析“通道型”信托产品之“刚性兑付”》，载《社会科学研究》2014年第4期；魏婷婷：《金融信托“刚性兑付”风险的法律控制》，载《法学杂志》2018年第2期。

③ 参见最高人民法院民事审判第二庭编著：《〈全国法院民商事审判工作会议纪要〉理解与适用》，人民法院出版社2019年版，第483页。

④ 参见卞耀武主编：《中华人民共和国信托法释义》，法律出版社2002年版，第110页。

印证了本文对此的解释，根据该条，在正常状态下，对于信托债务，信托公司应“以信托财产承担”，但因信托公司违反信义义务致使信托对外负债的，则“以其固有财产承担”，即受托人的固有财产原则上与信托债务隔离，只有在其违反信义义务造成损失时，这种隔离才不能生效。第二，根据《信托法》第三十七条的文义，受托人在依照信托目的进行交易（处理信托事务）时，仍以信托财产承担因此而产生的债务为原则。而第一款第二句规定的“受托人以其固有财产先行支付的，对信托财产享有优先受偿的权利”的适用情形是受托人主动以自身的固有财产承担信托债务，与债权人的强制执行无关。《信托法》之所以如此规定是基于信托运行中可能出现的信托财产因流动性不足而暂时无力支付费用等情形。在这种情形下，受托人以自身的固有财产进行支付的，其目的仍是为了受益人的利益，是符合信托目的的。若法律未赋予受托人一定的优先权，则势必使得受托人在进行垫付行为时有所顾虑，反而会对受益人的权利以及委托人的权益造成影响。因此说，该条并未赋予信托债权人对受托人的固有财产强制执行的权利。第三，《信托法》第三十二条第一款前句规定了“共同受托人处理信托事务对第三人所负债务，应当承担连带清偿责任”。发生该连带责任的情形是共同受托人之一因处理信托事务而对外负债，仍属于《信托法》第三十七条所规定的情形，故应当首先适用《信托法》第三十七条的规定，即受托人因处理信托事务对外负债的，仍以信托财产承担此债务。在此基础上，《信托法》第三十二条关于连带责任的规定，只能解释为各个共同受托人以各自所持有的信托财产承担该连带责任，而非固有财产。而《信托法》第三十二条后句规定的共同受托人之一因不当行为致使信托财产受到损失的，其他受托人应当承担连带赔偿责任，所对应的应当是同法第三十七条后句的规定，即受托人处理信托事务过程中因不当行为对第三人负有债务的，以其固有财产承担。总之，对于受托人已经按照信托目的履行了其职责的，无论是单独受托人还是共同受托人，均以信托财产为限对外承担责任。

从比较法上看，英美法系国家对此问题的态度也经历了转变的过程，从总体趋势上看，越来越多的司法区域倾向于信托财产与受托人固有财产的双向独立性。根据《美国信托法第二次重述》的规定，作为信托的受托人对外进行的交易以其个人名义，并且以其个人财产作为交易之担保，在“垫付”了这些因信托而产生的费用后，受托人取得了从信产基金（trust fund）中获得补偿的权利（right to indemnification），从而实现其自身经济利益的平衡。[①] 在这样的机制作用下，传统法实际上是通过对归责方式的设计来实现财产的独立性，即受托人的固有财产不受信托债权人追击。但这样的法律处理越来越凸显出烦琐性，并毫无实际意义。[②] 更为重要的是，单向的独立性对受托人极为不公平，其可能无法从信托财产中获得足额的补偿。特别是在受托人已经履行信义义务的情况下，这种不公平性更为凸显。鉴于种种反对理由，《美国信托法第三次重述》以及《美国统一信托法》对此作出了修订，它们规定受托人以信托财产对外进行交易的，债权人不得对受托人固有财产主张权利，而是直接从信托财产中实现清偿。[③]

这种受托人固有财产独立于信托债权人的法律效果无法在缺乏信托法的情形下实现，或者说，仅在理论上能够完成。受托人在按照信托文件的规定对外进行交易时，必须在每一笔交易的合同中均明确约定其责任范围，即明确以信托财产为限承担责任，交易相对人不得对其固有财产进行追偿。这种以合同方式实现的独立性将耗费巨大的交易成本，进而导致受托人事实上无法进行任何交易。因此说，只有信托法才能实现这一独立性。加上前文已经论证的受托人的债权人无法对信托财产主张权利，信托法实际上是这种双向独立性实现所不可或缺的。

由于主题所限，笔者对于信托财产独立于受托人的双向性仅作了简略的论证，目的在于透过该争议涉及的具体规则，从而清楚地看到信托

---

① See Restatement (Second) of Trusts 261~262 (1959).

② See Jesse Dukeminier & Robert H. Sitkoff, Wills Trusts and Estates, New york: Aspen Publishers, 2013, p. 394.

③ See Uniform Trust Code 1010; Restatement (Third) of Trusts 105~106.

的债权人是否能够对受托人固有财产主张权利完全取决于立法者的价值表达。不同的观点均是在进行一定事实判断的基础上作出价值上的取舍，即在受托人、信托财产（受益人）与第三人之间进行利益衡量，这种价值判断体现在立法上，就表现为不同的法律规则。如，美国少数州仍然奉行这种单向的独立性规则，而绝大多数州均确立了双向的独立性。再如，包括笔者在内的我国学者对于信托法文本的不同解释结论。由此也可以看出，与信托财产独立于委托人存在双向性有所不同，信托财产独立于受托人固有财产仅存在一个明确的面向。至于信托的债权人能否对受托人的固有财产主张权利，完全取决于法律的规定。对此点的认识是理解信托财产独立性实现机制的关键。

信托财产独立于受托人的法律性质在民事信托与商事信托的实践中同样重要。在现代民事信托中，委托人之所以选择设立信托而不是直接采用遗嘱来处理身后财产，一方面是为了规避烦琐而浪费时间的遗产检验程序，另一方面则是希望持续地控制财产的使用方式，而这一持续性的财产管理机制只能由实际获益人之外的人来实现。该人不仅能够按照信托文件的约定管理处分信托财产，以确保委托人的意志得以延续，更为重要的是委托人交付的财产必须与该人自身的财产相互隔离。否则，当该受托人死亡或破产时，具有特殊目的的信托财产将沦为受托人的遗产或清算财产，而如此一来，任何人都不会冒险将财产权完全转移给他人，整个信托制度的建立也就失去了意义。商事信托中同样依赖这样的财产独立性，以证券投资基金为例，委托人出于财产管理的目的将自己的财产交付给基金管理人，由该受托人对信托财产进行投资活动，此时基金份额持有人最为关注的，也是法律所着力保护的就是如何保障财产在原权利人丧失对其的所有权后仍能保持像由其本人管理和处分一样安全。这种安全并非绝对意义上的安全，而是相比于由其本人对财产进行实际控制所承担的风险不应有所增加，也即不承担额外的风险。例如，受托人以信托财产进行证券投资，其不可避免地将承担各种金融风险，虽然在最为理想的情况下能够避免非系统性风险，但无论如何也无法规避系统性风险对财产带来的影响。但是，如果由委托人或受益人以信托财产进行证券投资，同样也将承担以上的风险，那么在此情况下，就不能认为设立该信托给委托人或受益人带来了额外的风险。这种所谓风险的增加就是受托人因自身的破产而带来的风险，毕竟由委托人或受益人持有财产并不承担此种风险。信托法的存在以及其中关于信托财产独立于受托人固有财产的规则最大限度地消除了这种风险，使商事信托制度能够发挥其财产管理的作用。

（三）信托财产独立于受益人

与前两点独立性有所不同，信托财产与受益人固有财产相分离的具体规则并未体现在制定法的明确表述中。基于信托法原理，除特定目的信托外，虽然受托人管理处分信托财产是为了受益人的利益，但受益人不实际占有信托财产，其对信托财产的权利仅体现为享有受益权，或衡平法上的所有权。这种权利不仅不能使得受益人实际控制信托财产，而且就其本质，实乃一种针对受托人行使的权利。换言之，《信托法》中对于委托人、受托人权利义务以及信托财产的规定已经在事实上排除了信托财产与受益人固有财产混同的情况。因此，《信托法》第十七条关于不得对信托财产强制执行的规定直接排除了受益人的债权人，即直接在实际效果上对信托财产独立于受益人的债权人进行了规定。准此，受益人的固有财产不足以清偿其债务的，受益人之债权人只有当受托人实际支付信托利益后，才能从中获得清偿。这是因为只有当信托受托人实际支付信托利益后，该笔财产的性质方从信托财产转化为受益人的个人财产，从而成为受益人的责任财产。

鉴于双重所有权理论在信托法学界和实践中所产生的影响，以及我国法学界并没有对此的专门论述，因此，仍有必要对信托财产独立于受益人的实现机制以及与其配套的受益人之债权人权利实现方式进行系统性的梳理。

根据双重所有权理论，信托关系中受益人享有衡平法上的所有权。

那么，在这种认识下便有可能经推论得出信托财产归属于受益人的结论，既然是受益人的财产，那么就可以被强制执行。但是，该所谓衡平法上的所有权并不具有大陆法中所有权绝对性的内核。在本质上，更多地体现为受益人对受托人的债权请求权。

首先，信托关系中最为主要的权利是从信托财产中获得信托利益的权利，即受托人依据《信托法》第四十五条的规定获得信托利益。虽然受益权内容丰富，但与受益权中主权利①的实现息息相关的行为则均由受托人完成。也就是说，受益权的实现模式是，受益人作为权利人得请求特定义务人（受托人）为一定行为或不为一定行为，而非由法律之力保障的受益人直接针对特定物所进行的支配。自由裁量信托的受托人在作出分配信托利益的决定后，或者到达固定信托中约定的分配信托利益期限的，受益人权利实现的途径是受托人的支付或给付行为，通过该特定行为，受益人的受益权得以实现。由此观之，受益权更为符合债权的特征，即权利人一方请求特定的义务人为一定行为或不为一定行为的权利，在内容上体现为一种请求关系。②

其次，受益权中包含的其余从权利也具有上述债权特性，即权利的实现取决于受托人的行为。从信托受益权的内容看，包括财产性权利和非财产性权利两大部分：财产性权利是受益人享受信托利益的权利，以受益人直接获取经济利益为主要内容，它是信托受益权的主要内容，也可以说是行使信托受益权的目的，因为设立信托的目的就是为了使受益人能够享受信托利益，如前所述，这些权利具有债权性；非财产性权利是受益人享有的、除获得信托利益之外的其他权利，如知情权、信托财产管理方法调整的要求权、撤销权等，这些权利不以直接取得经济利益为内容，是信托受益权的附属，也可以说是信托受益权的工具性权利，因为非财产性权利主要是监督受托人尽职管理的权利和确保信托顺利实

① 学界通说认为，信托受益人得从信托财产中获得信托利益得权利是信托受益权中最为核心的权利，是主权利。参见周小明：《信托制度：法理与实务》，中国法制出版社 2012 年版，第 249 页。

② 参见王利明：《民法总论》（第二版），中国人民大学出版社 2015 年版，第 98 页。

施的权利，是受益人保障其财产性权利实现的一种手段和方式。① 其中的知情权、请求信托财产管理方法调整权以及其他此类权利的行使也都需要借助受托人的行为。至于撤销权，不可否认，学术界对其性质素来存有争议。笔者认为，由于受益人撤销权能否行使，依据《信托法》第二十二条以及第四十九条的规定，须由人民法院决定，因此，该权利并非严格意义上的形成权。而单从追及力的角度来看，其的确具有类似于物权的效力，这也是受益权“物权说”的主要理论依据。对此，后文中将分析指出，现代信托法也不鼓励受益人频繁行使撤销权，进而对交易安全和整个信托制度的运行产生不利影响。

最后，从比较法的角度出发，信托受益权也更多地体现出债权属性。在德国的信托关系中，受托人对信托财产享有完全的并不受限制的权利，而受益人仅仅是作为合同一方当事人而享有普通债权。②《日本信托法》第2条第7项将受益权中涉及“交付信托财产以及和信托财产给付相关的权利”直接定性为债权，被称为受益债权。我国有学者称其为受益权中的“自益权”。③ 我国台湾地区“信托法”虽并未如《日本信托法》那样明确对受益权进行定性，但从该地区学术界的一般认识来看，似宜将信托受益权解释为债权。受托人作为财产名义上的所有人持有信托财产，并对信托财产进行管理和处分，只不过受到债权性的拘束。④ 在英国法中，受益权不具备物权特有的普遍可诉性，不能对抗任意第三人；衡平法在历史上并未改变英国财产法体系或者带来一套新的关于财产权取得和保有的规则；受益权也并不是通过对所有权要素的保留和分离而被创设的，它只是一个施加于所有权上的对人负担。⑤ 而

① 参见周小明：《信托制度：法理与实务》，中国法制出版社2012年版，第249页。

② 参见于海涌：《论英美信托财产双重所有权在中国的本土化》，载《现代法学》2010年第3期；孙静：《德国信托法探析》，载《比较法研究》2004年第1期。

③ 参见赵廉慧：《信托法解释论》，中国法制出版社2015年版，第424页。

④ 参见王志诚：《信托法》（增订第6版），我国台湾地区五南图书出版股份有限公司2017年版，第180页。

⑤ 参见吴至诚：《英国法传统中信托受益权的性质》，载《北方法学》2015年第5期。

与英格兰毗邻的苏格兰，由于历史原因，沿袭大陆法系的传统，不存在普通法与衡平法的分立，其财产法建立在物权债权的二元区分、物权法定主义以及单一所有权等经典大陆法系原则的基础上。基于这样的法律传统，苏格兰的信托法认为委托人设立信托须进行财产转移，而受益人的权利体现为针对受托人的债权。[①] 可见，在以上几个具有代表性的国家和地区的信托法制实践中，信托受益权也被广泛地定性为对人性的债权。

综前所述，信托受益权在本质上更接近于债权，而非对信托财产的所有权。那么，受益人的债权人自然无法就受托人的特定财产主张权利。

对于受益人的债权人，除了能够对已经得到支付的信托利益主张权利外，法律还为受益人之债权人提供的救济途径是针对受益权的强制执行。《信托法》虽然未规定受益权的强制执行，但我国《信托法》第四十七条明确地指出信托受益权可以用于清偿债务。在程序层面，根据《民事诉讼法》第二百四十二条前句的规定："被执行人未按执行通知履行法律文书确定的义务，人民法院有权向有关单位查询被执行人的存款、债券、股票、基金份额等财产情况。"该规定中虽然没有明确提及信托受益权作为执行标的，但其中的基金份额在解释上应当涵盖信托受益权。首先，作为法律概念，基金份额被规定在《证券投资基金法》中。而该法与《信托法》呈现出一种一般法与特别法的对应关系。《证券投资基金法》第二条开宗明义地指出了《信托法》与《证券法》作为一般法的地位："……本法未规定的，适用《中华人民共和国信托法》、《中华人民共和国证券法》……"其次，证券投资基金活动中，基金份额持有人与基金管理人在法律关系上为信托关系。根据《信托法》第二条的规定，信托是指委托人将财产权利委托给受托人，由受托人为了受益人的利益或特定目的管理、处分财产的行为。在证券投资

① 参见于海涌：《论英美信托财产双重所有权在中国的本土化》，载《现代法学》2010年第3期。

基金活动中，基金份额持有人将资金转移给基金管理人管理，该管理人为了基金份额持有人的利益管理基金财产。从法律行为的外部表现来看，二者均可表现为：财产所有者基于信任而将自己的财产权转移给他人，但该受信人不得以该财产为自己谋取利益，而是为了特定人的利益管理、处分该财产。同时，该财产不得作为受信人的责任财产。这也是信托关系区别于委托关系、代理关系的核心。对此的依据是《证券投资基金法》第五条的规定。由此可见，在我国现行法律体系下，信托受益人之债权人的利益保障是通过对受益人的受益权进行强制执行，而非直接对信托财产进行强制执行。在受益人之债权人通过强制执行或受益人的自愿转让而取得受益权后，其法律地位仍然属于受益人，由于受益人在信托关系中只享有针对受益人行使的债权性权利，因此，信托财产仍然保持其独立的属性。

此外，由于受益人在信托财产中仅享有债权性质的权利，信托的债权人也不能对受益人的财产主张权利。与委托人的财产不受信托债权人追索类似，受益人的财产独立于信托债权人也是显而易见的。在实践运用方面，信托财产独立于受益人的机制在民事信托与商事信托中都至关重要。在民事信托中，委托人之所以以设立信托的方式使受益人获益，而非一次性地移转财产的完整权，一个重要的考虑就是防止受益人的破产导致信托财产被强制执行。在商事信托中，以我国证券投资基金的运行为例，若允许基金份额持有人的债权人直接以基金财产实现其债权，则无异于颠覆基金制度的基本理念。

三、信托财产独立性的实现机制

既然信托财产的独立性是信托制度的根本特征，那么在任何一个已经生效的信托中，必然伴随着信托财产独立性的各种法律效果。本部分的内容意在阐述信托财产独立性的实现机制，进而指出“信托财产归属于受托人是信托财产独立性实现的必要条件”这一结论。如前所述，信托财产具有独立于委托人、受托人以及受益人的法律特征，《信托法》第十七条第一款规定了信托财产不得被申请强制执行的基本原则以及三种具体的例外情形，据此而言，委托人、受托人与受益人的债权人均不得对信托财产申请强制执行。同时，如前所述，信托的债权人也不得针对信托当事人的财产主张权利。这三个不同的面向以及各自独立性的双向性是独立性的应有之义，然而不仅各自独立性的程度以及独立的方式有所不同，更为重要的是，三种独立性背后的作用机制也完全不同。换言之，虽然都名为“独立于”，但“独立于”的实现方式不同。只有对此保持清醒的认识，才可能理解设立信托必须以财产权利发生移转为基础的重要意义。

从我国《信托法》的规定来看，存在若干旨在实现信托财产独立性的具体规则。按照规则适用面向的不同，可以划分为以下三个不同的类别：

第一类是信托财产独立于委托人的规则。《信托法》第十五条前句规定：“信托财产与委托人未设立信托的其他财产相区别”，后句又区分了自益信托与他益信托的情形并进行了关于财产独立性的具体说明，就内容而言，仍然属于对前句的具体展开。除此之外，通过对《信托法》第十七条的解释，也可得知委托人的债权人不得对信托财产申请强制执行。

第二类是信托财产独立于受托人的规则。《信托法》第十六条第一款规定：“信托财产与属于受托人所有的财产（以下简称固有财产）相区别，不得归入受托人的固有财产或者成为固有财产的一部分”，与第十五条的规定类似，该条第二款的规定亦属于对第一款的具体展开。《信托法》第十八条确立了关于信托财产的禁止抵销规则。《信托法》第二十七条规定了受托人违反财产独立性的责任承担方式。《信托法》第二十九条规定了受托人应当对信托财产与固有财产以及不同的信托财产实施分别管理、分别记账的义务，其目的也是确保信托财产独立于受托人其他财产的实现。《信托法》第二十八条规定的禁止自我交易规则旨在防止受托人将信托财产与自己的固有财产进行交易，从而获得利益。《信托法》第二十六条规定的归入规则将受托人通过违反信义义务所得的利益予以剥夺，从而一定程度上消除了受托人破坏信托财产独立性的经济动因。《信托法》第三十四条规定“受托人以信托财产为限向受益人承担支付信托利益的义务”，这一规定使得受托人的固有财产不会因为信托财产的损失而受到牵连，故也属于信托财产独立于受托人的表现之一。此外，《信托法》第二十五条设置的忠实义务、谨慎义务也能在法律或信托文件遗漏对某些事项的规定或约定时，从公平正义的角度保障受益人的合法权益，故信义义务的设置也可以间接地促使信托财产独立于受托人。

第三类是信托财产独立于受益人的规则。根据《信托法》第十七条的规定，信托受益人的债权人不能直接就信托财产实现其债权。如前所述，该债权人权利实现的途径是依据《信托法》第四十七条的规定取得信托受益权。除此之外，《信托法》中别无其他规定对信托财产如何独立于受益人的财产进行规定。

由上述的规则梳理不难看出，我国《信托法》中关于信托财产独立性的规则主要是围绕信托财产如何独立于受托人固有财产而展开和设计的。至于信托财产独立于委托人与受益人的规则就极为稀少。信托财产独立于委托人，《信托法》只是设置了近乎宣示性的条文，对于信托财产独立于受益人更是未有直接的表述。也正如前文所述，只有信托财产与受托人固有财产的独立，才必须借由《信托法》完成。为此，国内外学者也将信托财产独立于受托人界定为狭义的信托财产独立性，而将信托财产独立于委托人、受托人与受益人界定为广义的信托财产独立性。① 可见，两种独立性实现的机制并不相同。与此同时，信托财产独立于委托人与受益人的机制也不尽相同。

首先，根据传统民法理论，财产的所有权一旦实现移转，则该财产

① 参见张淳：《信托财产独立性的法理》，载《社会科学》2011 年第 3 期。

便成为受让人责任财产的一部分，进而根据法律的规定，可以成为被强制执行的标的，也可以作为其遗产或清算财产。此为依据一般法理即可明晰的基本规则，即若无法律的特别规定，则应当适用此规则。而换言之，欲改变这一规定，必须存在某种值得保护的价值，并且在形式上必须以具有同样正当性的规范为其基础。而由于法律被认为是当前社会阶段最具正当性和规范力的规范性文件，因此，欲改变依一般法理和基本原理所确立的规则，必须有法律明确的规定。我国私法体系中便存在这样的实例。如在涉及商品房预售的交易中，对于开发商通过预售行为回笼的资金，虽然该笔资金存在于开发商的账户之中，由开发商利用于建设工程。但根据相关法律的规定以及法院的判决，该笔资金应当用于工程施工建设以支付工程款，其他债权人申请自商品预售资金监管账户中执行工程进度款的请求，人民法院不予支持。① 再如，由于养老金具有较强的人身性，② 并且发挥着保障公民基本生活的功能，因此，根据相关规定，即便养老金受益人发生资不抵债的情况，其债权人也不能以该权利实现其债权。③ 换言之，养老金受益权虽然属于债务人的个人财产，但不作为其责任财产。出于相同的目的，《信托法》以其自身的制度理念为正当性基础，对民事主体所享有的财产权不属于其责任财产进行特别规定。我国的立法者将信托制度定位为财产管理制度，④ 委托人

---

① 参见青岛海宜林投资控股有限公司诉青岛国隆昌盛投资置业有限公司等借款合同纠纷案，最高人民法院（2016）最高法执复 33 号执行裁定书，该案对此的主要裁判依据为《城市房地产管理法》第四十五条第三款的规定，即“商品房预售所得款项，必须用于有关的工程建设”，以及《国务院办公厅关于继续做好房地产市场调控工作的通知》（国办发〔2013〕17 号）中确立的对于预售款进行有效监管，以防止购房者受到不法侵害的精神。

② 参见《最高人民法院关于适用〈中华人民共和国合同法〉若干问题的解释（一）》（法释〔1999〕19 号）第十二条。

③ 如《北京市人民政府办公厅关于加快建立农村社会养老保险制度的通知》（京政办发〔1995〕107 号）第四条第五项规定：“养老金的权益不得转让、抵押”；《南京市农村社会养老保险暂行办法》（市政府令第 43 号）第十九条规定：“投保人养老金给付权益不得转让、抵押、偿还欠款。投保人及其他人不得涂改与养老保险关系有关的证件，不得虚报冒领养老金。违者一经查出，除追回冒领资金外，依法追究当事人责任”；《湖北省农村社会养老保险暂行办法》（省政府令第 83 号）第十六条规定的“养老金给付权益不得转让、抵押、还欠贷”等。

④ 参见卞耀武主编：《中华人民共和国信托法释义》，法律出版社 2002 年版，第 3~4 页。

出于特定的目的将财产权交付他人之手，由其所信任的受托人对财产进行管理、处分。那么，作为财产权益的最终享有者，委托人与受益人最为关注的，也是法律应当着力保护的就是如何保障财产在原权利人丧失对其的控制后仍能保持安全。如前所述，这种安全并非绝对意义上的安全，而是相比于由其本人对财产进行实际控制所承担的风险不应有所增加，也即不承担额外的风险。为此，有学者指出，信托法所持有的两项重要的制度理念，一为信托财产独立性，二为信托责任的有限性。① 而在本文的语境下，受托人的有限责任也属于信托财产独立性的应有之义，从而成为信托财产独立性的组成部分。正是基于这样的理念，《信托法》作出了如上的诸多规定以促成这一有悖于一般法理的规则。因此说，信托财产独立于受托人的实现机制是基于信托法的特别调整。

其次，关于信托财产独立于委托人未设立信托的其他财产这一规则，通过前文的规则梳理便可清楚地看到，《信托法》并未对信托财产如何独立于委托人进行过多的规定，仅在《信托法》第十五条进行了宣示性规定。作为宣示性规定，条文本身几乎不存在能够引以为据的实际意义，仅仅表达该法律所持有的某种价值取向，或者重申一个显而易见的规则。笔者认为，该独立性背后的原因只能是信托财产权的移转：委托人通过信托行为以及后续的财产权移转行为，将财产的性质由个人一般财产转变为受托人的财产，本质上乃基于财产权属的变动而实现与其未设立信托的其他财产相区别的效果。因为，根据法理，财产权移转后，如没有特别规定，该财产自然不属于原权利人的责任财产，故当然应当与其个人其他财产相互区别，也因此而无需信托法的特别调整或赘述，至多进行宣示性表述即可。相反，如果认为只是将财产委托给受托人，财产归属并不发生变化，那么信托财产独立于委托人个人财产的结果便与法理相冲突，必须通过《信托法》的特别调整而完成，其外在表现必然是在法律中设置多个条款对此进行规定。换言之，以对此设置

① 参见李群星：《信托的法律性质与基本理念》，载《法学研究》2000 年第 3 期。

如此繁多的规则，正是为了改变此一般法的规定，即将一般法改变为：信托财产虽归属于受托人，但不作为受托人的责任财产。然而，对于信托财产独立于委托人，《信托法》除了本条的宣示性规定外，并没有任何条文涉及这样的法律调整。信托财产如何独立于委托人？委托人是否应当分别记账、分别管理？财产混同的责任如何承担？这些问题《信托法》都未涉及。可见，信托财产独立于委托人的效果是源于委托人已经将财产权移转给他人的法律事实，而《信托法》第二条中的“委托给”也就应当包含财产完整权移转的含义。

最后，对于信托财产独立于受益人的实现机制，与其独立于委托人类似的是，《信托法》并未对这一效果的实现进行过多的规定。同样，若认为信托财产归属于受益人，则法律必须以特别规定改变一般法理及规则的适用，而如前所述，《信托法》并未在此作出任何相反规定。这也就意味着一般法理或规则的适用即可以使信托财产独立于受益人。结合《信托法》第二条中并未对受益人的权利有所提及的事实，笔者认为，信托财产独立于受益人的法理基础只能是信托财产的所有权等完整权利并不归属于受益人，并且在信托终止前，受益人从未对财产享有过该所有权。换言之，既然财产权利不归属于受益人，其债权人或继承人又如何能对该财产主张权利呢？并且，如前所述，受益人在信托关系中所享有的权利在本质上属于针对受托人的债权请求权，受益人的债权人通过取得信托受益权本身以实现自身权利，而不是通过信托财产。因此说，信托财产独立于受益人乃基于当然的法理。

概括而言，信托财产的独立性是通过“财产转移+特别法调整+当然法理”而实现的。“财产转移”是指委托人设立信托，必须将财产权利转移给受托人，才能使信托财产独立于委托人未设立信托的财产。“特别法调整”是指受托人通过前一过程的财产权利移转取得了信托财产的所有权，并承诺承担信义义务，《信托法》则基于特定的价值理念作出了大量的关于信托财产独立于财产所有人的特别规定，如此使得信托财产独立于受托人的固有财产。所谓的“当然法理”，是指信托财产独立于受益人既不通过法律行为，也不倚赖法律的特别规定，而是适用一般法理后的自然结论。而如果在信托中委托人没有将信托财产的所有权转移给受托人，而是自己保留该所有权，那么，《信托法》中设置的大量的旨在改变一般法理的规则将无从适用，进而难以发挥信托制度的功能。

四、财产独立性视角下信托、委托的区分与制度选择

（一）财产独立性视角下委托与信托的区别

以上内容分别从信托财产独立于委托人、受托人以及受益人三个角度强调了信托财产的独立性是信托制度的核心与本质。由此也决定了信托制度与其他类似制度的关键区别就是其财产的独立性。由于我国《信托法》第二条使用了“委托给”的表述，而“委托”一词恰恰在我国民法语境中具有相对特定的法律含义。那么，信托与委托究竟有无区别，也就成为争议的焦点。对此，有许多学者认为，我国法律中的委托与信托差别不大，① 也有学者虽承认二者区别，但将信托等同于行纪，② 从而事实上承认了信托即委托代理的观点。本部分承接前文的分析结论，从信托财产独立性的角度论证信托与委托制度的根本区别，为接下来的解释论分析以及信义法体系的构建作出铺垫。同时再一次指出，在我国的制度构建层面，必须坚持信托财产归属于受托人这一基本规则。

1. “区别说”及其缺陷

“区别说”认为，信托与委托、代理存在区别，是两种不同的法律制度。该说在将两种制度比较时着眼于对信托与委托代理制度进行全面

---

① 参见刘燕、楼建波：《企业并购中的资管计划——以 SPV 为中心的法律分析框架》，载《清华法学》2016 年第 6 期。

② 参见颜占寅：《对〈产权交易机构可以代持股〉的补充》，载《产权导刊》2009 年第 4 期。

比较，又加之委托代理与信托制度都主要以任意性规范的方式来确定法律关系的内容，这样一来就造成了两种制度的本质区别并未得到突出，从而造成了两种制度共性大于个性的表象。具体而言，这些观点指出委托与信托制度在以下几个方面存在差异：

第一，在法律关系形成的前提方面，信托关系的成立与生效建立在合法、确定的信托财产基础之上，具有财产的因素，而委托代理关系的建立则无需具有确定的财产，其财产因素并不那么重要。①正如《美国信托法第二次重述》中所言，没有信托财产就不可能设立信托。②换言之，信托关系是围绕财产展开的，而“代理关系是对人的，代理人不需要控制属于被代理人的任何财产”。③诚然，委托代理不以财产为必须，但正如本章开篇所言，这并不妨碍委托人（被代理人）与受托人（代理人）之间以约定的方式将一项特定的财产作为委托物继而建立法律关系。换言之，享有财产所有权只是不作为委托代理关系的要素，代理人可以享有所有权，也可以不享有所有权。④而更应值得关注的是，在英美信托法中，出现了一类无须财产亦可认定信托生效的实践。委托人在其遗嘱中设立倾注（pour over）条款，规定在遗嘱生效后，特定遗产全部注入委托人设立的信托之中，该信托可以是委托人生前已经生效的，该信托中的财产全部来自遗嘱处分。⑤换言之，在遗嘱生效前，委托人设立的生前信托已经在没有信托财产的情况下而成立并生效。《美国统一遗产认证法典》（Uniform Probate Code）以及《美国统一遗嘱增加信托法》（Uniform Testamentary Additions to Trusts Act）均承认了这种

---

① 参见何宝玉：《信托法原理与判例》，中国法制出版社 2013 年版，第 30 页；徐孟洲主编：《信托法》，法律出版社 2015 年版，第 56 页；温衡：《信托的担保功能与制度实现》，山东大学 2018 年博士学位论文。

② Restatement of Trusts（Second），74（1959）.

③ 参见全国人大《信托法》起草工作小组编：《〈中华人民共和国信托法〉释义》，中国金融出版社 2001 年版，第 19 页。

④ 参见［美］爱德华·C. 哈尔巴赫：《吉尔伯特信托法》，张雪楳译，法律出版社 2017 年版，第 10 页。

⑤ See Jesse Dukeminier & Robert H. Sitkoff，Wills Trusts and Estates，New York：Aspen Publishers，2013，p. 464.

信托的效力。在这种情况下，委托代理关系与信托关系在此点上的区别就变得模糊，如果在其他方面仍难以作出有效区分，则难免将那些以财产权作为委托物的委托代理关系界定为信托关系。

第二，在名义方面，信托受托人以自己的名义对外进行法律行为，而在委托代理活动中，受托人、代理人实施的法律行为均以委托人、被代理人的名义。① 但事实上，在间接代理中，代理人同样得以自己的名义对外进行法律行为。② 这种代理关系虽然与大陆法系关于代理必须显名的规定相冲突，但毕竟明确地规定在我国《合同法》第四百零三条中，并为我国《民法典》第九百二十六条所延续。因此，只要符合制定法中的构成要件，当事人之间亦可形成被法律所保护的间接代理关系。此时，在委托物为特定财产并且不能在两种制度的其他方面作出有效区分的情况下，间接代理与信托的界限也就不复存在。

第三，在受托人权限方面，由于信托财产名义上属于受托人，因此，受托人在履行信义义务过程中享有广泛的权限，如无特别约定，委托人与受益人对受托人的管理和处分行为不得进行干涉。但在委托代理中，代理人所实施的活动只是被代理人法律行为的延伸，只能在其明确授权的范围内进行意思表示。③ 然而在理论上，对于受托人的权限，无论委托代理还是信托，都可以由当事人的意思自治完成，二者的区别仅体现在前者按照“正面清单”而后者按照“负面清单”的原则确定在未特别约定时受托人的具体权利范围。而现实中被动（消极）信托的广泛应用更加模糊了信托与委托在此点上的界限。所谓消极信托，即受托人不享有或只享有有限的对信托财产管理处分的权限，设立信托的全部意义就在于通过受托人持有信托财产。消极信托是信托制度产生的最初形态，之后逐渐发展出以具有积极管理权能的受信人担任信托受托人的主动信托。在《中国人民银行、中国银行保险监督管理委员会、中

---

① 参见卞耀武主编：《中华人民共和国信托法释义》，法律出版社 2002 年版，第 48 页；徐孟洲主编：《信托法》，法律出版社 2015 年版，第 56 页。

② 参见王利明：《民法总论》（第二版），中国人民大学出版社 2015 年版，第 278 页。

③ 参见徐孟洲主编：《信托法》，法律出版社 2015 年版，第 56 页。

国证券监督管理委员会、国家外汇管理局关于规范金融机构资产管理业务的指导意见》（以下简称“资管新规”）出台前，盛极一时的“通道业务”即具有消极信托的特征。在后文中，笔者将通过分析指出，这类通道业务因委托人保留了实质性权利，因而不属于由《信托法》所调整的社会关系。即便如此，实践中仍然广泛存在其他类型的被动信托，以及享有极大权限的代理人，从而无法仅依受托人权限的大小区分不同法律关系的类型。

第四，在连续性与稳定性上，一般认为，信托具有管理上和存续上的连续性和稳定性，即信托生效后不会因为委托人或受托人的欠缺与变更而终止，这使信托成为一种长期稳定的财产管理制度。相反，在我国民法中，委托代理关系可能因多种原因被终止，因而其稳定性较弱，并且不具有持续性的特征。[①] 然而，事实并非如此。信托是具有持续性的财产管理制度的说法并不是针对委托代理而言的，这种说法所对比的对象是财产权的一次性移转，如赠与或遗嘱继承。[②] 相比于信托，委托代理关系在持续性与稳定性上的欠缺可以由当事人的意思表示进行补充，同时，信托制度的持续性与稳定性也同样可以由信托文件加以排除。此外，就信托本身而言，同样可能因多种因素被变更或终止。从信托法规则的发展来看，作为法律内在的价值取向，这种稳定性与持续性也在不断被弱化。作为委托人意志体现的信托文件也变得并非那样至高无上，《美国统一信托法典》第 411 条（a）款规定经全体受益人以及委托人同意，不可撤销的私益信托可以被修改或终止，即便这种修改或终止在很大程度上不符合信托目的。该条（b）款规定在全部受益人同意的情况下，如果法院认为信托的存续对于信托目的的完成已经没有任何作用，该不可撤销的私益信托可以被终止；此外，在全部受益人同意的情况下，如果法院认为修改信托条款不违背主要信托目的（material pur-

---

① 参见徐孟洲主编：《信托法》，法律出版社 2015 年版，第 56 页。

② 参见［美］托马斯·加兰尼斯：《美国信托法的新方向》，徐卫译，载《交大法学》2013 年第 3 期。该文中，作者特别指出传统的民事信托被视作一种“赠与”或“礼物”，委托人借助信托机制是为了将财产转移给受益人，“只是因为赠与的时间延长到未来，所以需要管理机制”。

pose）的，可以批准修改该信托。可见，财产管理的连续性与稳定性也无法从根本上说明信托与委托之间的差异。

当然，也有观点从信托财产独立性出发解释信托与委托的区别，但就既有的研究来看，大都流于信托法的明文规定，或者直接将财产权的移转作为信托与委托（行纪）的区别，[①] 而缺少对此的深入考察。笔者将对此展开更为深入的论证。

2. “一致说”及其否定

在英美法系，委托与信托本质上都属于信义关系。有学者认为，在我国的法律体系中，信托与委托人没有明显区别。而将信托等同于行纪的观点也一度甚至成为我国法学界的通说。[②] 首先，《信托法》第二条明确规定了设立信托，委托人应将财产权“委托给”受托人，这种表述并未明确受托人享有财产的所有权。其次，信托登记制度的缺位导致信托财产的独立性无法被彰显。[③] 信托财产独立性是信托制度的核心与灵魂，如果独立性无法实现，信托制度就难以与其他类似制度相区别。再次，我国《信托法》赋予了委托人诸多权利，不仅可以要求变更信托的管理方式、申请法院撤销受托人的处分行为，甚至可以解任受托人。我国《信托法》给委托人保留的权利如此之多，以致形成我国的信托与委托制度的趋同。[④]

对于第一点，笔者将在后文中结合信托行为理论以及信义法体系说明“委托”一词与信托财产权移转之间并不存在矛盾。

对于第二点，应当承认，我国目前的信托登记制度不完善是不争的

---

① 参见张淳：《信托与行纪：两个性质截然不同的法律概念》，载《法学天地》1997年第3期。

② 参见栗劲、李放主编：《中华实用法学大辞典》，吉林大学出版社1988年版，第684~685页；江平主编：《中国司法大辞典》，吉林人民出版社1991年版，第479页；佟柔主编：《中国民法》，法律出版社1990年版，第434页；王家福主编：《中国民法学·民法债权》，法律出版社1991年版，第726页。

③ 参见楼建波：《信托财产分别管理与信托财产独立性的关系——兼论〈信托法〉第29条的理解和适用》，载《广东社会科学》2016年第4期。

④ 刘燕、楼建波：《企业并购中的资管计划——以SPV为中心的法律分析框架》，载《清华法学》2016年第6期。

事实。在2004年制定不动产登记法规的过程中，最初的《不动产登记条例（草案）（送审稿）》第75条曾规定："不动产设立信托的，应当办理信托登记"，但由于制定者认为规定不动产信托登记规则的时机尚不成熟，在最终通过的法规中删去了这一内容。[①] 的确，对于信托登记的基本理论问题，尚有待理论上的澄清。根据论者的逻辑，由于现阶段的登记制度不完善，导致了信托财产独立性无法实现，而独立性的无法实现就意味着信托与委托等同。这种认识得到了我国学术界的普遍认同。笔者认为，这种观点有值得商榷之处。

首先，信托财产独立性有三个面向，论者强调的与登记制度相关的独立性实际上是指用以表彰信托财产独立于受托人固有财产的独立性。[②] 对于信托财产独立于委托人，按照传统的权利变动模式可以完成。例如信托财产为有体物的，根据《民法典》物权编规定的物权变动模式即可完成所有权的移转。对此，在制度层面，只需建立针对设立信托的税收优惠即可。[③] 与此同时，由于如前所述的受益人不实际控制信托财产，因而天然地与信托财产保持独立，亦无需依赖登记制度。而对于信托财产独立于受托人，信托登记并非不可或缺，即使缺乏信托登记制度，也可以通过受托人信义义务的履行而实现财产的相对公示。详言之，只要受托人的债权人并非与信托财产进行直接交易，该债权人由于并未对信托财产属于受托人的固有财产产生受法律保护的信赖，因而不具有可保护性。债权人在不涉及成为交易相对人的情况下，信托财产更加能够实现独立于受托人，如信托财产不作为其遗产而被其继承人继承。因为在法理上看，继承人取得财产权利并不是基于对登记簿的信赖。因此，即便在缺少信托财产登记制度的情况下，信托财产独立性的两个方面依然是能够实现的，独立于受托人也很大程度能够实现。对

---

① 参见国土资源部政策法规司、国土资源部不动产登记中心编著：《不动产登记暂行条例释义》，中国法制出版社2015年版，第29页。

② 参见楼建波：《信托财产分别管理与信托财产独立性的关系——兼论〈信托法〉第29条的理解和适用》，载《广东社会科学》2016年第4期。

③ 参见周小明：《信托税制的构建与金融税制的完善》，载《国际税收》2010年第8期。

此，笔者在第三部分还将作出详细论述。

其次，在解释论上，依《信托法》第十条的文义，进行信托登记的前提是“对于信托财产，有关法律、行政法规规定应当办理登记手续”，进行反面解释可知，如果没有法律、行政法规对某类信托财产的信托登记进行要求，也就无需进行信托登记，自然也就谈不上登记生效。此时，结合《信托法》第十七条关于禁止强制执行的规定进行体系解释，可以认为在缺乏法律规定的情况下，即便信托财产未经登记，从外部的角度来看，也不影响信托财产独立于受托人机制的实现。另外，从目的解释的角度来看，《信托法》第十七条的立法目的在于保护委托人与受益人的利益，而非受托人之债权人。因此说，从实证主义的角度来看，无论我国现阶段的信托登记制度是否完善，对信托财产独立于受托人法律效果的实现并不能起到决定性作用。那么，既然如此，也就意味着信托区别于委托制度了。虽然笔者基于如上的理由不同意论者的观点，但值得肯定的是，论者仍然正确地指出了信托与委托的关键区别，即财产的独立性。对于信托登记与外部效力的讨论，详见本书第三部分的讨论。

至于第三点，从《信托法》的规定来看，的确赋予了委托人诸多权利，除了从信托财产中获得收益的权利外，几乎与受益人的权利没有区别。而在委托中，委托人由于是财产的所有权人，因此，对财产也具有完全的控制力。受托人的行为完全取决于委托人的意志，委托人同时享有任意解除权，即通过单方的意思使得法律关系归于无效。但即便如此，也不能认定信托就是委托，理由有四：

第一，委托人权利的大小在不同类型的信托中有所不同。积极信托中受托人的权利远大于消极信托中受托人的权利，相应地，委托人的权利就因信托类型的不同或大或小，或有或无。这与委托代理关系中本人基于所有权而享有的诸多权利有本质不同。从信托的起源与发展历史进行纵向考察，在信托发展的历史上，消极信托是信托的最初形态，[①] 并且时至今日，美国信托法依然强制执行消极信托，“用益法”依然是美国多数州普通法的一部分。[②]

第二，一般认为，信托法是任意法。[③] John H. Langbein 在其极具影响力的《信托法的合同基础》一文中就指出，信托可以被视为委托人与受托人之间就如何管理和分配信托财产而达成的协议，并且，综观信托法的规则，几乎由授权性规范构成。[④] 我国信托法对于委托人权利的规定即属于这种授权性规范，当事人之间可以约定的方式予以排除。这种做法在商事信托中极为常见，在证券投资基金中，委托人对于信托财产的控制仅来源于信托设立时信托文件的规定，即委托人不得对受托人自由裁量权范围内的行为进行干涉，更不享有任意解除权。而在一些“通道类”业务中，信托文件中通常规定委托人享有诸多权利。而在“资管新规”出台后，这些业务将被严格禁止，从而也进一步还原了信托的本质。可见，在事关各方切身利益的信托关系中，委托人的权利往往由当事人以合意的形式进行确定。我国信托立法过程中之所以以任意法的形式规定了委托人的权利，可能基于如下的两点考量：

（1）在当时的时代背景下，信托多以自益信托的形式存在，即委托人的权利即受益人的权利，故即使信托财产权利已经发生移转，委托人在信托中仍享有权利；（2）《信托法》制定的直接目的是解决当时商事信托的监管问题，但就实际出台的内容来看，乃是调整营业信托、民事信托以及公益信托关系的一般法。后两种实践在当时并不多见，但为了能够起到“立法先行，以立法指导实践”的效果，因而在《信托法》中以任意法的形式突出了委托人的权利，以起到示范的作用，进而促进

---

① 参见陈雪萍、豆景俊：《信托关系中受托人权利与衡平机制研究》，法律出版社 2008 年版，第 8 页。

② 参见赵廉慧：《信托法解释论》，中国法制出版社 2015 年版，第 55 页。

③ 笔者不能完全认同这种说法，信托法以任意性规范为主，但对于财产独立性以及财产权利移转不得以协议的方式进行排出，对此后文详述。

④ See John H. Langbein, “The Contractarian Basis of the Law of Trusts”, 105 Yale Law Journal, 1995, pp. 627~630.

信托业的发展。因为，在《信托法》的起草过程中，就有立法者表达出这样的担心，即“委托人一旦将财产交付信托，即丧失其对该财产的所有权，不再属于其自有财产，这就会使一些人接受起来颇费思量”。[①] 鉴于此，一方面可以对信托财产的归属进行模糊处理，即在《信托法》第二条中使用“委托给”的表述；另一方面就是以任意性规范的形式赋予委托人在信托中的诸多权利，以消除公众的担心。因此，虽说《信托法》明确规定了信托关系中委托人的权利，但这些规定在性质上仍然是任意性规范，只有在当事人对此缺乏明确的意思表示时方可适用。若存在相反意思表示的，委托人的权利将不再享有。相反，在委托关系中，由于财产权不发生移转，受托财产仍被认为归属于委托人，因而，作为物权人的委托人永远能够控制作为债权人的受托人的行为。存在于法律制度中的任意解除权，由于具有法定性，也不能被当事人以合意的方式加以排除。因此，可以随时解除的委托与不能随时解除的信托才得以泾渭分明。

第三，从委托人权利的性质上看，均为旨在监督受托人的行为的防御性权利，而不享有从信托财产中获得收益的权利。作为特殊的信托类型，在以委托人为唯一受益人的自益信托中，委托人从信托中实际取得各种利益，对此，信托法也相应地剥夺了财产独立性的部分功能，即信托财产与委托人的财产无法实现独立。对此，笔者将在第五章详细论述。

第四，从其他大陆法系国家和地区的立法例来看，其《信托法》中亦规定了委托人的诸多权利（如我国台湾地区“信托法”），甚至也有与我国《信托法》一样将委托人及其权利独立成章的立法例，如《日本信托法》。而在这些法域，一般都认为委托与信托是不同的制度。综上所述，信托法为委托人保留权利的事实不能证明我国的信托制度等同于委托。

---

① 参见卞耀武主编：《中华人民共和国信托法释义》，法律出版社2002年版，第4页。

此外，结合我国目前的司法实践来看，我国的审判机关已经普遍接受了信托关系与委托关系的区分。在吉林省建苑设计集团有限公司诉四川信托有限公司案中，委托人代理律师在两审中均指出，作为受托人的四川信托有限公司在法律关系中由于不具备积极管理的职能，因此不符合关于《信托法》中规定的由受托人管理、处分信托财产的基本定义，进而不受《信托法》的调整。对此，一审法院在其判决中详细指出了信托与委托之间的区别，主要表现在信托财产的名义（所有）人为受托人、由受托人对信托财产的直接管理、信托财产具有独立性、受托人的行为不对委托人直接产生法律效力等，这种解释也在上诉案中得到了四川省高级人民法院的支持。①

3. 信托财产独立性视角下委托与信托的区别

在美国信托法学者 Bogert 看来，信托与委托代理的根本区别在于受托人行为的性质。委托关系中受托人行为代表的是本人，即受托人基于委托人的信任，以委托人的名义，对外进行交易。然而，在信托中，受托人的权利虽然有一定限制，但其并非委托人或信托财产的代理人，而是财产之上法定所有权（legal title）的享有者。② 因此，在判断一个法律关系究竟是属于信托还是委托时，虽然并无一以贯之的规则，但往往应当通过当事人是否进行了财产的移转来判断。③ 从信托本源进行考察，作为信托制度前身的 Use 制度，就与委托代理制度存在关键区别，也即前者强调财产的移转，而后者中不存在财产转移行为。④ 相应地，在 Use 制度中，受让人取得财产后，并非以让与人的名义或为了让与人的利益而行事，因而其并非让与人的代理人或受托人。⑤ 如前所述，这种财产移转所带来的直接效果就是财产独立性，在信托法的调整下，被

---

① 吉林省建苑设计集团有限公司、四川信托有限公司信托纠纷二审民事判决书，四川省高级人民法院（2017）川民终 680 号民事判决书。

② See In re Gillen's Will，156 Pa. Super. 650，41 A. 2d 412.

③ See Anderson v. Abbott，61 F. Supp. 888.

④ 参见赵磊：《信托受托人的角色定位及其制度实现》，载《中国法学》2013 年第 4 期。

⑤ See Sir Frederick Pollock and F. W. Maitland，The History of English Law Before the Time of Edward 1，Cambridge：Cambridge University Press，1898，p. 239.

转移的财产具有了独立于各方当事人固有财产的效果。因而，财产转移不过是两种法律关系区别的表现，真正能够将二者加以区分的是基于特别法调整而实现的财产独立性。根据财产是否具有独立性，可以清晰地区分委托（代理）与信托。

首先，信托财产独立于委托人的个人财产。而在委托代理关系中，受托财产在性质上仍属于委托人的责任财产，因此，即便存在代理权的授予，委托人的债权人仍然可以就该财产实现其债权。如前所述，这种独立性不必借助信托法实现，但一旦移转财产权，在法律关系上就不再是委托代理。因而，这种独立性的识别可以作为区分委托与信托的重要标准。其次，信托财产独立于受托人的固有财产，这就意味着即便财产在法律上归属于受托人，其债权人也不能就信托财产实现其权利。而在委托代理关系中通常财产的所有权不发生移转，因此财产独立于受托人似乎无从谈起。但在涉及以现金作为委托物的委托代理关系中，被代理人有可能将现金的占有转移给受托人，此时由于现金"占有即所有"的特殊属性，代理人亦享有对于现金的所有权。此时，对法律关系的认定将直接对当事人的权利产生影响。若当事人之间成立信托关系，那么信托财产将独立于受托人，若当事人之间仅形成委托代理关系的，该现金就属于其一般责任财产，当其发生资不抵债时，被代理人和其他债权人一样均属于一般债权人。由此可以认为，在委托代理关系中，当事人永远无法兼顾财产独立性的不同面向。因此说，信托财产的独立性是信托区别于委托代理和其他类似制度的根本，是信托独有的制度功能。

（二）基于信托财产归属于委托人的制度安排及其缺陷

信托财产独立性是信托制度的核心功能，[①] 同时，根据《信托法》第二条不包含信托财产权发生移转的基本文义，我国有学者认为在确认信托财产归属于委托人的基础上，应当围绕信托财产独立于委托人的固

① 参见［英］D. J. 海顿：《信托法》（第4版），周翼、王昊译，法律出版社2004年版，第16页。

有财产进行相应的制度构建。[①] 比较法中的制度设计之所以围绕着狭义的信托财产独立性（信托财产独立于受托人）进行展开，是基于特定的法制背景，即信托财产归属于受托人，而非委托人。[②]而在我国，这样的制度背景并不存在。在这样的认识下，就必须在信托财产的继承、清算、偿债等诸多方面，对关于我国信托财产独立于委托人未设立信托的财产的规则进行重构。[③]此外，也有学者认为关于信托财产的归属问题完全可以交由信托当事人根据交易目的以约定的方式加以明确，只要能够实现信托财产的独立性即可。[④] 该理论认为，虽然我国《信托法》第二条中“委托给”的表述存在一定的模糊性，但这样的含混表达反而给当事人之间的意思自治留下了空间。信托财产转移给受托人只是信托财产独立性实现的一种安排，但并不是唯一方案，只要法律上对委托人义务责任有明确的规定，信托财产可辨识，信托财产的独立性仍可实现。[⑤]前一种观点建立在信托财产只归属于委托人的基础上，而后一种观点亦不排斥信托财产归属于受托人，从它们均不认同信托财产只能归属于受托人的角度，二者具有一致性。但是，就这种一致性来说，他们之间也存在细微的差异。前者将信托财产归属于委托人的设计归咎于制度本身，在制度既定的前提下，规则围绕其进行构建；而后者则认为信托财产归属于委托人的效力源自委托人与受托人的意思自治，只要特定的制度设计能够实现信托财产独立性即可。笔者认为，上述的观点不能成立，且不具有现实的可能性。我国仍然应当坚持以受托人所有权说为基本出发点，进行相应的制度构建。理由如下：

第一，相关试点的现实意义不足。论者指出，从相关试点经验来看，若要求我国融资型房地产信托（REITs）中的委托人转移其所有权给受托人在我国现行法中存在极大障碍。原因有三：（1）参与试点的企业有较高的收益率，因而缺乏将不动产所有权转让给他人的意愿；

①②③　参见张淳：《信托财产独立性的法理》，载《社会科学》2011 年第 3 期。

④⑤　参见楼建波：《信托财产的独立性与信托财产归属的关系——兼论中国〈信托法〉第 2 条的解释与应用》，载《广东社会科学》2012 年第 2 期。

(2) 试点物业均为国有企业，对于这些企业，根据法律的规定，在进行资产转移时，必须遵循严格的程序，这些烦琐的程序将导致信托产品的收益率降低，不利于市场竞争；(3) 我国对房地产开发有资质的要求，信托公司不具有相关资质，因而无法进行实际完成后续的开发或经营。在实践中，企业以其不动产作为信托财产成立信托后，依然将作为管理人享有财产的所有权，并亲自对财产进行管理。法律要求信托财产的移转将与现实需求产生矛盾。[①] 就第一点而言，试点中的企业既然收益良好，也就表明了其融资的难度不大，完全可以通过其他方式获得所需资金。其选择 REITs 进行融资可能是出于完成试点项目的要求和目标。在实践中，商事主体所持有的不动产并非都有良好的收益率预期，因此，在综合比较各种融资方案的成本与可行性后，才能作出具体的融资选择。而一旦选择了以 REITs 进行融资，就必须遵守既定的规则，以妥当地保护各方当事人的权益。其不能以“不愿把这些物业真正转让出去”为理由而不执行法律的规定。就第二点而言，《企业国有资产法》专章对国有资产的转让进行规制，其直接目的是防止国有资产的流失，进而损害国家利益。在涉及证券发行的情况下，对交易场所、评估机构、信息披露、公开竞价等的要求也实属正常。相比于其他的资产证券化过程来说，这些程序和要求并没有过分地增加交易各方的负担。其次，论者提出，转移资产将提高对资产的定价，从而影响了资产的收益率，进而不利于吸引投资者，笔者不赞同这样的认识。对于成熟的投资者而言，其更加关注的是资产本身的质量、定价的真实性以及财产的独立性。退一步讲，如确实由于法定程序的要求导致涉及国有资产的 REITs 收益率下降，也应当从降低交易成本的环节着手进行改变，毕竟房地产信托中的资产转让只是融资的手段，受托人并非资产的实际受益人，与传统意义上的国有资产转让在性质与交易目的上都存在差异。况且，现实中具有强烈融资需求的往往不是国有企业，这些非国有企业在

① 参见楼建波：《信托财产的独立性与信托财产归属的关系——兼论中国〈信托法〉第 2 条的解释与应用》，载《广东社会科学》2012 年第 2 期。

进行 REITs 时并无上述形式上的要求。就第三点而言，信托公司在经营范围以及管理能力上的局限性并不能成为不动产所有权不移转的理由。论者实际上误读了信托财产的权利人与服务商之间的关系。在商事信托中，当信托财产是资金之外的有体物时，受托人一般会聘用有专业能力的服务机构来对信托资产进行管理，此时，受托人与服务商之间成立委托代理关系。① 也就是说，委托人在设立信托之后对资产控制的合法性基础是其与受托人之间委托合同及受托人单方的代理权授予，而绝非所有人对其财产所行使的权利。况且，我国的《信托公司管理办法》第十六条明确规定了信托公司可以经营不动产信托业务。在信贷资产证券化中亦遵循这种法律关系，银行作为委托人丧失财产权利的同时，与信托公司签订委托合同，规定银行继续以贷款服务机构的名义收取贷款本金和利息。与委托人再签订一份委托合同以完全实现破产隔离的制度功能以及交易的完全生效，相比于交易成本的增加，仍然是必要的，也是值得的。

第二，相关立法例对我国的借鉴意义不大。论者指出，在比较法上，大陆法系移植信托法在信托财产归属问题上并未一概采纳信托财产归属于受托人的观点。除德国、日本、韩国以及我国台湾地区规定信托财产归属于受托人外，尚有大陆法系国家和地区未采纳此说。② 以南非继承信托为代表，规定遗嘱执行人（信托受托人）享有管理权，而遗产则归属于继承人（信托受益人）。以《魁北克民法典》（第 1260~1261 条）为代表，信托财产本身是一个享有权利承担义务的法人，信托财产的所有权归属于信托本身，受托人对信托财产享有的是权力（power），而非民事权利（rights）。无论立法上采取哪一种具体模式，该国家和地区的信托中均设置了若干具体规则以实现信托财产的独立性。主要包括：继承和清算的禁止；强制执行的禁止；抵销的禁止；混

① 参见高云凌：《收益权信托之合法性分析——兼析我国首例信托诉讼判决之得失》，载《法学》2015 年第 7 期。

② 参见何锦璇：《信托立法不宜操之过急》，载《北大法律评论》，北京大学出版社 1998 年版。

同的限制。[①] 从这个角度来看，信托财产的独立性只取决于法律的具体规则，脱离此，任何立法模式都难以实现这一核心机制。[②] 但结合我国上述既有的《信托法》规定，以及信托财产独立性的实现机制可知，信托财产只有归入受托人处，才能实现法律对财产独立性的调整。否则，所颠覆的将是整个信托法的既有规则。相比之下，选择在既有的法制背景下，从法律实证主义出发，将信托财产解释为受托人的财产更具有现实可行性。

第三，相关案例的参考价值有限。论者以金融海啸中雷曼兄弟公司的破产案为例，指出在雷曼欧洲公司破产后，客户作为信托受益人，无法取回由雷曼欧洲持有的信托财产。而究其原因，就是雷曼公司在经营信托过程中，公司固有资产与信托财产出现了混同，进而信托财产沦为了破产程序中的清算财产。[③]据此，论者认为，尽管雷曼欧洲公司按照英国法律规定采取了信托的形式，但仍然未能实现信托财产之独立性，可见财产的独立性并非单纯依靠财产所有权的移转而实现的。[④]但这一实例无法说明财产权移转对于信托财产独立性的重要意义。原因在于，信托财产权移转在信托中的法律意义是将信托财产与委托人的财产分离，而非与受托人的固有财产相分离。而在雷曼兄弟破产案中，恰恰是投资者完成了财产权的移转，在整个信托关系中，委托人的财产也的确与信托财产实现了隔离。而导致受益人遭受巨额损失的原因是信托财产与受托人固有财产之间未实现分离。该国《信托法》中那些旨在促成信托财产独立于受托人固有财产的规定并没有被信托机构所遵守，这才导致了损失。那么，该案例对我们的启示恰恰是应当加强信托财产独立于受托人固有财产的规则设计，包括相关权利人和部门的监督权以及相应的法律责任。而如果以委托人作为信托财产的权利人，同样不可避免地需要建立一套旨在实现信托财产独立性的规则体系。

---

① 参见何宝玉：《信托法原理研究》，中国政法大学出版社 2005 年版，第 154~160 页。

②③④ 参见楼建波：《信托财产度独立性与信托财产归属的关系——兼论中国〈信托法〉第 2 条的解释与应用》，载《广东社会科学》2012 年第 2 期。

第四，信托登记对信托财产独立性实现的意义有限。论者指出，信托登记对于信托财产独立性的实现具有重要意义，委托人享有财产完整权的，只要能够进行登记，信托财产便可独立于委托人。[①] 根据《信托法》第十条、《民法典》物权编及相关法规的规定，在以不动产或特殊动产为信托财产设立信托的，可以纳入《信托法》第十条中“应当办理登记手续的财产”的范畴。那么，权利人在设立信托时，只要在登记簿中能够体现出委托人享有的特定财产在法律性质上属于信托财产，那么，该财产独立于委托人固有财产的效果即可实现。因此，从这个意义上讲，对于以不动产、特殊动产为信托财产的，委托人可以享有信托财产的所有权。换言之，设立信托，委托人不必将财产权转移给受托人。但是，信托登记对实现财产独立性的作用极为有限。《信托法》第十七条关于禁止强制执行的规定有效地隔绝了当事人各方债权人追索权，信托一经生效便产生独立性的法律效果。在我国，信托登记专指对信托财产进行登记，即将特定财产已经成为信托财产的事实向外界公开，第三人在实施交易前可以通过法定途径察知标的物属于信托财产的事实。通过信托登记制度，可以使第三人在交易前对受托人的处分权限进行了解，以免交易因受托人违反信托目的而被受益人撤销。对于受益人与第三人之间的利益平衡，一方面，法律通过不得强制执行规则以实现信托财产的独立性，使得信托财产免受各方债权人的追及，由此保护了受益人的权益；另一方面，在受托人违背信义义务的情况下，赋予受益人向受托人请求赔偿的权利以及撤销权。该撤销权能否行使，根据《信托法》第二十二条以及第四十九条的规定，由人民法院根据交易的实际情况进行裁定。而在判断是否对交易行为撤销时，一个重要的因素是当事人是否对该信托财产已经进行了登记，继而判断与受托人交易的第三人是否履行了必要的注意义务。如果财产已经进行了信托登记，并且该第三人有条件对受托人的处分权限进行查询的，那么该第三人将不

---

① 参见楼建波：《信托财产度独立性与信托财产归属的关系——兼论中国〈信托法〉第 2 条的解释与应用》，载《广东社会科学》2012 年第 2 期。

足以构成主观上的“善意”。相反，若不存在相应的信托财产登记制度，则第三人应当被视为“善意”，交易行为受到保护。此时，受益人可以请求受托人承担赔偿责任。由此观之，在我国信托法的语境下，信托登记制度的主要目的是维护交易安全以及为撤销权的行使提供必要的制度前提，而非对信托财产的独立性进行宣示。特别是在我国《信托法》中已经设置了禁止强制执行规定的情况下，依靠信托登记实现信托财产独立的意义就十分有限了。如前所述，信托财产与受托人固有财产的隔离是通过信义义务的实施而完成的。详言之，在内部管理上，受托人按照《信托法》的规定对信托财产与其他财产应当进行分别管理；在对外交易上，受托人应当对交易相对人主动示明信托财产以及处分权限等情况。相反，由于受托人是财产的所有人，因而借助登记制度实现财产独立性不仅不能有效地防杜受托人的不当行为，同时还将严重地降低交易的效率，并提高交易的成本。再就信托登记本身的价值而言，现代信托法并不鼓励撤销权的行使，解释者越来越倾向于认定交易的有效性，而由受托人对受益人的损失进行直接赔偿。如《美国统一信托法典》第 1012 条就规定，第三人如对受托人违反信托目的行为不知情，则其与受托人的交易受到法律保护，并进一步指出，该第三人没有义务对受托人的处分权限进行任何审查。这也就意味着在交易过程中，第三人可以认为受托人拥有对信托财产绝对的处分权，也就是说，法律在很大程度上免除了第三人的注意义务，如此规定的目的就是对受益人的撤销权进行最大程度的限制，从而使第三人能够安心地与受托人从事交易活动，相反，如果动辄因撤销权的行使而否定法律行为的效力。长此以往，人们在同等条件下将不再愿意与信托人进行交易，如此一来反而损害了受益人的利益。可见，信托登记制度本身的定位也值得重新思考。对此，笔者还将在第三部分作出详细讨论。

在具体的立法建议上，论者指出，信托财产独立性的实现不取决于信托财产权的移转，只要在法律上对委托人的行为设置相应的规范，明确其权利、义务以及责任，则由委托人继续持有财产的所有权，亦无妨财产独立性的实现。[1] 为此，《信托法》必须重点围绕委托人对信托财产的权利、义务与责任进行规定。[2]

首先，如果依照此思路进行法律的修改，委托人在不转移财产权的情况下将财产的性质转变为信托财产，即便仍然存在受托人对财产进行管理，那么该受托人与委托人的关系只是一般的合同关系，而非信托关系。这种实践类似于英美法中的宣言信托。但也应当看到，这种在其他法域中被认可的实践在我国并不存在。我国《信托法》中明确了设立信托的方式为合同或遗嘱，很显然，作为民事主体的委托人不能和自己签订合同，也不能在遗嘱中指定自己为受托人。即便在承认宣言信托的法域，该种信托也是一种极为特殊的信托类型，是信托的边缘类型，如果我们的《信托法》以此为基本模型构建法律规则，将难以产生普遍的解释力。同时，也难以融入商法国际化的潮流。

其次，就我国目前的法制实践来看，《信托法》中除了第二条外，[3] 根本不存在这样的规定，《信托法》对委托人的基本定位也并非财产的所有者。虽然，与比较法上的实践不同，我国《信托法》赋予了委托人诸多权利，但这些权利并非对财产的所有权，其在性质上与受益人的权利一致。《信托法》第四十九条的规定也从侧面印证了这一点。并且，由于委托人不得从信托财产中获得信托利益，因此在范围和实际意义上无法与受益人相提并论。换言之，如果按照权利内容确定信托财产的所有权人，那么受益人才应当是财产的所有权人。更为重要的是，根据信托法基本原理，信托一经设立，委托人随即退出信托关系，除非在信托文件中明确保留某项具体权利。那么，即便选择重新修订《信托法》，也应当着力消除委托人的这些权利，而非再次助长这种有悖于一般法理的规则。

除此之外，从比较法的经验上来看，信托法的立法或修订中一个重

---

①② 参见楼建波：《信托财产的独立性与信托财产归属的关系——兼论〈信托法〉第2条的解释与应用》，载《广东社会科学》2012年第2期。

③ 本文后两个章节将着重对该条中的“委托给”进行分析。

要趋势体现为对信托受托人信义义务的不断细化，即法律控制的不断深入。受托人是信托制度的核心，信托法的完善很大程度上是受托人制度的完善。这种趋势的动因是消极受托人到积极受托人的流变，为了规范权利日益扩张的受托人，法律必须从各个方面对当事人之间的信任关系进行保护。在赋予受托人广泛权利的同时，深化信义义务的治理。① 以英国信托法的立法历程为例。在英国并无直接名为“信托法”的成文法，其用以调整信托关系的法律仅体现为受托人法（Trustee Act），从1896年的《英国司法受托人法》开始，至2000年的《英国受托人法》期间，一共存在五部调整信托受托人行为的法律。② 美国信托法也以规制受托人的行为为其立法核心。③对我国的信托法立法进程加以观察也不难发现这样的趋势。我国《信托法》于2001年实施，其中对信托财产独立性进行了规定，并且专章对受托人的义务进行了规定，共计19个条文，相比于委托人章的5个条文以及受益人章的7个条文，其规范意义上的重要程度显而易见。而在此之后，监管者又于2007年颁布实施了《信托公司管理办法》，2009年修订了《信托公司集合资金信托计划管理办法》，2010年颁布实施了《信托公司净资本管理办法》，这些部门规章都是对作为受托人的信托公司的专门规定。此外，原银监会、银保监会近年来出台的一系列部门规章均清晰地显示了当前立法及监管的意图，即强化信托受托人管理资产、风险管控的能力。④ 可以认为，我国目前已经走上了一条通过对受托人信义义务规制而实现信托财产独立性的正确道路。

综上所述，信托财产归属于委托人并且围绕信托财产独立于委托人以及委托人信义义务的规则构建不具有可行性。

---

① See Jesse Dukeminier & Robert H. Sitkoff, Wills Trusts and Estates, New York: Aspen Publishers, 2013, p. 582.

②③ 参见赵磊：《信托受托人的角色定位及其制度实现》，载《中国法学》2013年第4期。

④ 参见郭树华、李晓玺、杨轲涵：《新常态下我国信托公司业务转型发展研究》，载《浙江金融》2017年第11期。

五、小结：信托财产归属于受托人的应然状态

“本然者，本为本来，然谓如此”，[①] 其所描述的是事务原本的状态。而应然，则是事物应当如此，是在对实然状态感到的不安或不满时而产生的超越。根据信托法原理，信托财产本应归属于受托人，但是在实然层面上，我国长期以来未能对此予以明确，进而无法产生预期的财产独立性效果。笔者在本章以信托财产独立性为视角，论证了信托财产权的移转是信托财产独立性实现的必要前提，是一种理想的应然状态。本章首先从制度功能的角度指出，信托财产独立性是信托的核心制度功能，财产的独立性使之区别于其他类似的法律制度。随后，通过对信托独立性的三个面向、双向性以及例外情形的分析，指出信托财产独立性的实现机制可以简要地概括为“财产转移+特别法调整+当然法理”。在我国目前的法制背景下，必须借助《信托法》才能实现的是信托财产独立于受托人之固有财产。那么，欲使这种独立性生效，必须完成财产权的移转，使受托人获得财产之上的终极支配权，进而落入《信托法》的调整范围。在制度构建上，对于建立一套关于信托财产权属不发生变动，同时加强委托人信义义务的立法建议，因其在理念上偏离了信托法基本原理，且与我国一贯的立法实践并不相符，因此至少在现阶段不具有可行性。故欲实现信托财产的独立性，必须完成信托财产权的移转。我国有学者指出，我国《信托法》虽然对信托财产权是否移转问题作模糊处理，但对于信托财产独立性问题从一开始就毫无保留地接受了。[②] 由上述的分析可知，立法机关的这种态度本身就存在这样一个矛盾：财产独立性的前提是财产权的移转，既然承认信托财产具有独立性，那么为何要对信托财产移转的问题无法下定决心呢？一个合理的解释只能是《信托法》第二条的表述并非如其基本文义解释那样的结论。

---

① 参见熊十力：《新唯识论》，中华书局 1985 年版，第 313 页。

② 参见高凌云：《被误读的信托——信托法原论》，复旦大学出版社 2009 年版。

正如学者所指出的："只要人们仍然希望利用信托财产的独立性这一特点，相信信托财产所有权的转移问题就必定会解决。"[①] 笔者即将在下一个部分围绕《信托法》第二条的规定分析信托财产的权利移转，以期在解释论层面解决信托财产的归属问题。

① 参见高凌云：《被误读的信托——信托法原论》，复旦大学出版社 2009 年版。

第三章 信托行为视角下所有权的移转

如前所述，既有的认为信托财产归属于受托人的法律解释难以在文义解释上对委托人所有权说进行有效回应。而根据《信托法》第二条对信托的定义，信托并非对一种业已成立或生效的法律关系的描述，而是将其定位为法律行为。而在法律行为的视角下解释信托行为，可以在实现信托制度功能的同时，不突破现行法的基本含义。

一、作为法律行为的信托行为

从法条的性质上看，我国《信托法》第二条的规定在性质上属于定义性法条，属于不完全条文，其主要功能在于对其他法条在构成要件上所使用的相同概念加以界限或阐释。[①] 根据该条的规定，所谓的信托，其落脚点在于“行为”，即“……信托，是指委托人……将财产权委托给受托人……的行为”。在这一基本架构下，加入了委托人“对受托人的信任”、受托人“以自己的名义”管理和处分信托财产以及“为受益人的利益或者特定目的”等内容。准此，委托人正是在通过其意思表示从而建立了一种受到私法调整的社会关系。在《民法典》总则编与《信托法》的语境下，委托人的上述行为构成了一项法律行为，即信托法律行为，或信托行为；委托人所欲建立的社会关系就是信托法

① 参见王泽鉴：《民法思维——请求权基础理论体系》，北京大学出版社2009年版，第47页。

律关系，或信托关系。

在制度历史上，法律行为是由合同行为与遗嘱行为抽象而来的，在这一制度取得表意行为普遍规则的一般形态前，它主要地表现为相互独立的设权性规则。① 而以德国民法为代表的众多大陆法系国家，在民法典中设有总则编，起到统辖分则的目的。体现在法律行为上，就是将相互独立的设权行为以提取公因式的方法纳入总则之中。与此相反，我们很难在受罗马法影响较小的普通法中看到与法律行为对应的概念，但在其有关合同、遗嘱、信托等制度中均存在与大陆法系中法律行为制度相似的调整规则，如在当事人能力、生效、解释等方面的具体规则。对普通法学者而言，对德国式的抽象思维是极力拒绝的。这种差异与两大法系的实在法制度不无关联。在英美法系中，判例在很大程度上起到法律创设的功能，在面对社会中的新情况时，这种判例制度可以有效地创制各种规则加以应对。而在大陆法系，法官的基本工作是解释法律，即便在漏洞填补过程中完成了某种规则的创设，其约束力也极为有限。在这样的差异下，大陆法系的立法者必须诉诸某种立法技术，使得其所制定的规范性文件具有一定的开放性。总则制度就是在这一背景下应运而生的。得到总则规定的法律行为，由具体概念转变为一般概念，这种转变赋予了其开放性与包容性，为未来新情况的出现提供了法律调整的依据。这样的做法从根本上解决了一般法律行为与具体法律行为规则之间的矛盾关系。将通过法律移植而来的信托，有机地融入大陆法系国家和地区的法律体系，就是这种开放性的体现。

我国于1986年制定的《民法通则》正式确立了（民事）法律行为制度，并在之后的《合同法》中将其趋于完善。《信托法》第二条所规定的委托人的行为就是一种民事主体设立民事权利与民事义务的行为。即便在《民法典》总则编的规定下，其亦符合法律行为的特征。由此可见，信托符合法律行为的特征，是法律行为的类型，因而应当将其置

① 参见董安生：《民事法律行为》，中国人民大学出版社2002年版，第1页。

于法律行为理论下进行分析，以实现解释的统一性。这样的解释路径也是来自英美法系的信托融入大陆法系民法典的必然选择。其中对本书主题具有直接论证价值的是对信托行为的成立要件与生效要件的理论构建。对此，将在之后的小节中展开分析。

值得注意的是，法律行为以意思表示为核心，在一些比较法中出现的特殊类型的信托中，由于信托的设立非基于当事人的意思，在这些信托中并不适用法律行为理论。在英美法系中，按照信托的成立是否依赖于委托人的意思，将信托分为意定信托（express trust）与默示信托（implied trust）。后者包括复归信托（resulting trust）以及拟制信托（constructive trust）。拟制信托是法院为实现公平正义，援用信托法理所创设的一种纠正不公正财产关系的救济手段。[①] 复归信托是指由于委托人设立信托的目的意思不甚明了，并且在信托财产中仍然保有相应的财产权益，法院通过一定的解释规则，通常是基于委托人并未完全放弃其财产权的考量，因此将信托财产又“返还”给委托人。[②] 对于默示信托，大陆法系立法中并无对此的规定，同时，法院没有“造法”功能，因此在短期内承认其合法性的可能性极小。同为大陆法系国家的我国同样不承认默示信托。[③] 故，笔者对这几类信托不作讨论。

此外，值得注意的是一些表述将受托人与第三人实施的法律行为纳入信托行为的范畴。[④] 但从《信托法》第二条的规定来看，信托行为仅指当事人设立信托的行为，其核心是当事人将特定财产设立信托的意思表示。在合同信托中，这种法律行为体现为当事人之间关于一方将财产

① 参见赵廉慧：《信托法解释论》，中国法制出版社2015年版，第53页。

② 参见何宝玉：《信托法原理与判例》，中国法制出版社2013年版，第112页。

③ 参见周小明：《信托制度：法理与实务》，中国法制出版社2012年版，第58~59页。

④ 参见刘倚源：《构建我国的表决权信托制度——以中小股东利益保护为中心》，载《甘肃政法学院学报》2014年第6期；赵许明、罗大钧：《信托财产权属本质探究》，载《华侨大学学报（哲学社会科学版）》2002年第3期；周乾：《中国信托业刚性兑付的法律成因、影响与对策》，载《内蒙古社会科学（汉文版）》2016年第3期；黄素萍：《论信托受托人的谨慎投资义务——以〈美国统一谨慎投资人法〉为视角》，载《政治与法律》2008年第9期；赵许明：《信托内部权利结构探新》，载《法学论坛》2002年第6期。

权移转于另一方，由后者以自己的名义对财产进行管理和处分的合意。而在遗嘱信托中，这种法律行为体现为委托人以自己特定遗产设立信托的单方意思表示。此外，如果将受托人对外实施的行为归入信托行为的范畴，在法律调整上也不存在实际意义。这种由受托人对外实施的行为已经在绝大多数场合由其他领域的法律行为规则所调整，若再将其定位为信托行为，则会产生法律适用以及制度构建上的混乱。在受益人行使撤销权的情况下，受托人对外实施的法律行为的效力虽然可能受到影响，但《信托法》只是将一个民法中既已存在并得到系统规定的权利赋予了受益人，换言之，《信托法》只规定了撤销权的产生，关于权利主体、权利行使、法律效果、除斥期间等方面的规则已经由一般法律行为制度所确立。故，在信托的基本法律构造中，信托行为仅指设立信托的行为，所调整的范围只是委托人与受托人之间的关系。[①] 在法律适用上，受《民法典》总则编中关于法律行为规定的约束。另根据《信托法》第八条的规定，当事人可以以合同或遗嘱的方式设立信托，故《合同法》与《继承法》中关于合同行为与遗嘱行为的规定也具有参照适用的效力。

综上所述，信托行为属于法律行为。对于财产权的移转，应当结合法律行为的要物性特征进行解释。本文之后的小节将从法律行为的成立要件与生效要件的角度对这一问题进行探索以及进行相应的理论构建。

二、信托行为的成立与生效

（一）法律行为的一般成立要件

法律行为一般成立要件指的是任何类型的法律行为均应具备的条件。法律行为系以意思表示为核心，故意思表示是任何法律行为所必须

① 参见周小明：《信托制度：法理与实务》，中国法制出版社 2012 年版，第 43 页。

具备的一般条件。信托的成立必须具备信托意思表示。对于意思表示的构成，学界向有不同的观点。“五要素说”主张应当将意思表示细分为目的意思、效果意思、表示意思、行为意思与表示行为；“二要素说”认为，意思表示仅包括效果意思和表示行为；“三要素说”认为意思表示包括目的意思、效果意思和表示行为三项。[①] 理论上之所以讨论意思表示的构成要素，无外乎是为法律适用者提供判断意思表示是否存在的依据，以及为立法者提供针对各构成要素设置相应规则以实现私法自治原则或设置例外情形的接口。从这个角度来讲，这一问题属于民法问题中的解释选择问题，即如何以法律概念去描述、表达社会生活，是法律技术的组成部分。以这一认识为前提，上述的不同观点无对错之分，但有优劣之别：“五要素说”和“二要素说”尽管也可以满足民法特定的调整功能的需要，但前者过于烦琐；后者则失之简略。[②]故笔者以“三要件说”作为后续分析的理论基础。

“三要件说”主张意思表示以效果意思、目的意思与表示行为作为构成要素，当同时存在此三个要素时，意思表示随即成立，作出意思表示的民事主体将受到此表示的约束。而如欠缺其中之一，则导致法律行为的不成立。

效果意思是指当事人欲使其目的意思发生法律上效力的要素。为此，委托人必须意识到自己的设权效果，即意识到将自己的特定财产在性质上转变为信托财产，由受托人为了受益人的利益或特定目的，对信托财产进行控制；受托人则必须明确自己的表示行为将为自己设定《信托法》以及信托文件中规定的义务。所谓表示行为，则要求行为人的内在意思必须通过一定的方式加以表现，并足以使外界识别，使得相对人所了解。由于这两种构成要件难以反映不同类型法律行为的特殊性，故在此不作赘述，而将重点着眼于对目的意思的分析。

目的意思是指明法律行为标的具体内容的要素，它是意思表示据以

①② 参见王利明主编：《民法》（第五版），中国人民大学出版社 2010 年版，第 107 页。

成立之基础，是各个要素中最具法制意义的。不同于常素和偶素，目的意思中的要素是某种类型法律行为所必须具备的内容，对要素的界定使不同类别的意思表示得以区分。这在立法上就表现为法律对于必备条款的要求，即传统民法中法律行为的标的。对此，《信托法》第九条规定了信托文件中应当载明的事项与可以载明的事项，结合二者来看，其中应当载明的事项即为信托目的意思中的要素，具体包括：信托目的；委托人、受托人的姓名或者名称、住所；受益人或者受益人的范围；信托财产的范围、种类以及状况；受益人取得信托利益的形式、方法。在这些事项中，虽然没有直接规定委托人将财产权移转给受托人，但规定了“信托财产的范围、种类以及状况”。而如前所述，根据《信托法》的规定，信托财产应当具有独立于各方当事人的法律效果，而信托财产独立于委托人固有财产的机制恰恰只能由信托财产所有权的移转加以实现。因此说，信托法虽未明确规定目的意思中含有信托财产权移转的要素，但根据信托财产自身的性质，可以认为，在信托意思表示的目的意思中，已经含有了财产所有权移转的内容。

（二）法律行为的特别成立要件

除一般成立要件外，对于特定类型的法律行为，法律为其设置了特别成立要件。信托行为在特别成立要件方面主要涉及的问题包括委托人与受托人之间的合意；信托行为的要式性；以及《信托法》对于信托行为要物性的要求。《信托法》第八条已经对合同信托与遗嘱信托的要式性以及合意问题作出了明确规定，且这些问题与信托财产权移转问题无涉，故不在此具体展开。而与本书主题密切相关的是法律对于行为要物性的要求。根据法律行为的成立是否应以特定财产的转移为标准，可以将法律行为分为诺成行为与要物行为。要物行为除了满足其他意思表示成立要件外，尚需物之交付作为成立要件。如果信托行为为要物行为，那么其成立以委托人将财产权移转于受托人为前提条件。相反，则不作为法律行为的成立要件。笔者认为，信托行为属于诺成行为，其成立不依赖财产权的移转。理由如下：

首先，我国《信托法》第二条在界定信托行为时明确规定了委托人仅将财产权委托给受托人。同时，《信托法》第八条明确规定了合同信托自双方签订信托合同时成立，遗嘱信托自受托人作出承诺信托的意思表示时成立。这一点与我国台湾地区的“信托法”有明显的不同。台湾地区“信托法”第一条明确表达了法律行为之要物性，即“称信托者，谓委托人将财产移转或为其他处分，使受托人依信托本旨，为受益人或特定目的，管理或处分信托财产之关系”。法律行为的复合性也在该条中得到完全展示：其一为财产的移转或其他处分；其二为形成受托人就该财产为一定目的的管理或处分义务的行为。[①] 但由于我国大陆《信托法》并未在定义中明确财产权移转，因而不能就此认为在我国大陆信托行为包括负担行为与处分行为，进而适用物权无因性等相关规则。毕竟，委托一词在我国民法上并不具有财产权移转的含义。在明确文义并未强调要物性的情况下，将委托视为包含了权利移转的观点显然超出了扩张解释的极限。因此，认为我国信托行为属于要物行为的观点不具有解释论上的依据。

其次，如前所述，在信托的目的意思中已经包含了对财产权利移转的法律控制，这种调整并非借助法律行为的成立要件而实现。在后文中将指出对于信托财产独立性制度功能的实现完全不必通过强调信托行为的要物性，而是通过对受托人信义义务的规定加以实现的。

最后，从法律行为制度的发展趋势来看，要物行为的数量也在不断减少，法律行为正在越来越多地表现出诺成性。在当今社会，诺成行为是典型形态，要物行为已经极为少见。[②] 在罗马法契约制度产生之初，契约合意与履行行为在观念上难以界分，其结果就是在当时的罗马法上，交易的形式均为要式买卖。随着商品经济的不断发展，万民法上交

---

① 参见王志诚：《信托法》（增订第6版），我国台湾地区五南图书出版股份有限公司2017年版，第79页。

② 参见王利明：《合同法》，中国人民大学出版社2015年版，第8页。

付（traditio）制度得到普及，各种形式的要式交易也逐渐被实践所摒弃，取而代之的是诺成契约。正如有学者所指出的，现代民法中将设权行为与履行行为合二为一的要物行为并不能反映法律行为的实质，诺成行为将二者在时空上进行分离的理念才表现了现代法律行为的本质，这种变化的积极意义就在于极大地促成了市场的交往。[①] 一方面，私法以鼓励当事人交易为其理念，规定信托行为的要物性无异于增加设立信托的难度，从而不利于交易的繁荣；另一方面，近现代民法以意思自治为原则，诺成性使得这种理念得到最大程度地释放，而与之相对的要物行为则在这种理念下受到极大约束，法律仅为其保留了非常狭小的生存空间。[②]

综上所述，信托行为的特别成立要件只包括委托人与受托人合意的达成以及法律行为的要式性。而对于财产权的移转，在我国现行法的框架下，不是法律行为成立的特别要件。

（三）信托行为的生效

根据法律行为的相关规则，原则上，如不存在违法（违反效力性强制性规范）事由，则法律行为自成立时产生效力。信托行为亦遵循此理。对于这些无效事由，信托行为无特殊性，故不作讨论。

三、信托行为与信托登记的关系

《信托法》第十条规定了信托登记的基本内容。有观点根据文义指出，以特定财产设立信托的，采登记生效主义。[③] 这种认识极易造成理解上的混乱。对此，应当在体系强制的要求下，厘清信托登记的基本含义，在此基础上，方能得出其与信托行为生效之间的关系。

---

① 参见董安生：《民事法律行为》，中国人民大学出版社 2002 年版，第 4~5 页。

② 参见刘颖：《论要物合同的衰落——以探寻“完成其他给付”为中心》，载《浙江社会科学》2013 年第 7 期。

③ 参见汤淑梅：《信托登记制度的构建》，载《法学杂志》2008 年第 6 期。

（一）信托登记的概念澄清

我国多数学者以《信托法》第十条为据，认定我国信托采认登记生效主义，反对者则多从立法论的角度指出信托应采登记对抗主义，抑或意思主义。但大多对登记的对象不加限定，造成了理解上的混乱。例如，有学者讨论的信托登记是物权变动意义上的登记行为，着眼于委托人将财产转移给受托人的过程，[①] 持这种观点的学者在讨论信托登记模式时，实际上所讨论的就是物权变动模式的选择；[②] 另有学者所讨论的信托登记是对信托财产的专门登记；还有学者将两者合并讨论。[③]

事实上，根据《信托法》第十条的基本文义，信托登记的对象事实上是信托财产，而非对行为本身的登记。对于在特定财产上进行的登记，目的在于向外界揭示财产之上存在的权利及内容，从而保护社会的交易安全，以及第三人的信赖利益。那么，关于“对于信托财产……应当依法办理信托登记”的解释，则有以下两种可能性：第一，信托登记等同于物权变动意义上的登记。此时，信托登记所指向的就是财产之上的归属权由委托人向受托人让渡的过程。第二，信托登记是指非物权变动意义上的登记。此时，所谓信托登记就是当事人在设立信托的过程中，将特定财产在法律性质上属于信托财产的事实进行公开，使外部第三人能够知悉其交易对手为信托财产的受托人以及交易的标的为具有特定法律意义的财产。换言之，通过这一信托登记，第三人不仅能够从中知悉财产归属于受托人，还能察知该财产为受托人的信托财产。这种特定的法律意义对于交易第三人而言有二：（1）信托财产独立于受托人固有财产，受托人的债权人不得向信托财产主张权利，同时信托的债权人也不能向受托人的固有财产主张权利；（2）委托人或受益人行使

---

① 参见于海涌：《论不动产信托登记》，载《安徽大学法律评论》2007 年第 1 期；龙云：《完善信托财产登记制度的若干建议》，载《上海金融》2004 年第 1 期；参见余卫明：《信托受托人研究》，法律出版社 2007 年版，第 132 页。

② 参见余卫明：《信托受托人研究》，法律出版社 2007 年版，第 133 页。

③ 参见刘开委：《我国信托登记制度的完善》，载《华北金融》2017 年第 2 期。

撤销权将导致受托人的越权交易行为无效。

笔者认为，在我国的法律体系中，信托登记并非指物权变动意义上的登记。首先，与物权变动相关的规则已经被规定在我国物权法中，如前所述，真正需要信托法解决的问题是信托财产如何独立于受托人的固有财产。而信托财产独立于委托人是通过财产权的移转而实现的，那么欲使信托财产发生这样的独立性效力，就必须完成相应的权利变动。关于权利的变动规则，既有的法律已有相应的法律规则进行调整，因此，应按照该相应的法律规定完成，而非《信托法》。例如，《民法典》物权编中规定不动产所有权移转的，当事人应当办理登记，否则不发生物权效力。此时，如果委托人与受托人之间签订信托合同后未进行针对不动产所有权的物权变动登记，那么，在法律规定为登记生效的情况下，财产尚属于委托人的个人财产，其债权人则有理由相信这些财产仍然属于其责任财产，即基于登记公信力而产生合理信赖，信托财产独立于委托人的机制自然也就无从产生。可见，当事人依照《民法典》物权编中的规定完成所有权移转，从而实现了信托财产独立于委托人。而当事人将一项财产在性质上属于信托财产的事实进行了登记，所欲实现的是信托财产独立于受托人固有财产的法律效果。《信托法》中所规定的登记也应当着眼于这一效果的实现。其次，如将信托登记等同于物权变动登记，那么将产生《信托法》与《民法典》物权编的体系冲突。按照《信托法》第十条后句规定，当事人未按照法律的规定办理登记的，并非完全不能产生效力，而是允许其在一定期限内补办，只有当超过该期限仍未能补办的，才不产生效力。这种规则与《民法典》物权编中所规定的物权变动规则具有明显的差异，如将二者等同，将产生规则之间的相互冲突。综上所述，信托登记仅指受托人将特定财产在法律性质上属于信托财产的事实对外进行公开，使得外部第三人能够通过该登记察知财产为信托财产，进而合理地安排自己欲从事的交易。当然，在具体操作上，可以在物权变动登记时，将信托登记一并完成。如，在不动产信托中，将所有权人的身份予以公示的同时，明确其受托人的身份。

另外值得注意的是，实务界中经常提及的信托登记还可能是指中国信托登记有限责任公司对信托机构的信托产品及受益权相关信息予以记录的行为。① 该实践中开展的信托受益权登记与信托登记既有区别，又有联系。信托受益权的登记，本质上是登记机关将受益人的权利记载于登记簿上的行为，其目的是保障受益人的权利，以及对信托产品实施金融监管。这项制度在一定程度上能够起到公示信托财产的作用，但由于登记机关的特殊性以及登记范围的限定（仅登记信托公司的信托产品），它的规制重点并非协调受托人与其交易第三人的利益。

（二）对于“信托不产生效力”的解释

根据我国《信托法》第十条的规定，法律对信托登记有规定的，而当事人未按照法律的规定进行登记的，则信托不产生效力。在明确信托登记概念的情形下，所谓的“信托不产生效力”将至少有两种不同的解释：其一，将“信托不产生效力”理解为信托行为不产生效力；其二，将“信托不产生效力”限缩解释为信托不产生外部效力。笔者认为，《信托法》第十条中的“信托不产生效力”仅指不能产生外部效力。原因在于，如前所述，信托登记是指针对信托财产进行的登记，并且这种登记的制度目的在于将特定财产在法律性质上属于信托财产的状态进行公示。至于信托行为中包含的其他法律行为，如物权变动、合同生效等，则应当依据《民法典》物权编、合同编等规定进行具体判断。

第一种解释结论立足于信托一词在我国《信托法》第二条的规定。如前所述，在信托法的定义中，信托是指法律行为意义上的信托行为。那么，其中的“不产生效力”自然是对法律行为效力的规定。在此意义上，信托不产生效力就是指如果当事人未按照规定对信托财产进行登记的，则当事人之间的行为将不产生法律效力。在信托行为复合构造说的认识下，所谓的不产生效力，在法律无其他规定的情况下，所指向的

① 参见中国信托业协会编：《中国信托业发展报告（2017—2018）》，中国金融出版社 2018 年版，第 37 页。

行为既包括了旨在作出信托意思表示的负担行为，又包括了旨在发生物权变动或准物权变动的处分行为。但综观我国《信托法》的规定，信托并非仅一概在法律行为意义上进行使用，也在法律关系的意义上加以使用。如，《信托法》第四十三条第一款首句规定："受益人是在信托中享有信托受益权的人"，此处的"信托"所指代的就是信托关系。再如，《信托法》第四十六条第二款规定，"全体受益人放弃信托受益权的，信托终止"，其中的"信托"所指代的也是法律关系。更为重要的是，照上述第一种理解，还将导致体系上的解释冲突。以合同信托为例。首先，对于合同行为的效力，我国法律制度中以登记作为生效要件的合同并不多见。而以登记作为法律行为特别生效要件的合同，如《民法典》第五百零二条第二款规定："依照法律、行政法规的规定，合同应当办理批准等手续的，依照其规定。"对于此类合同，在法律解释上，未进行登记的法律后果并非行为的无效，而是属于未生效，二者在法律效果及制度意义上均存有差异。① 因此，将对特定财产的登记与合同行为的效力相挂钩，难以在既有体系上寻求其归宿。其次，我国《民法典》物权编已经对所有权的变动及其与登记之间的关系进行了较为明确且完整的规定。换言之，在信托中，委托人将其财产权移转给受托人，以期实现财产独立性的行为，其具体效力规则已经由《民法典》物权编等法律进行了规定。其中不乏涉及登记生效与登记对抗的规定，这些规定均与《信托法》第十条的规则不符。如在基于合同行为进行不动产所有权变动的场合中，物权效力的产生以登记为生效要件，其本无适用《信托法》第十条规则之余地。因此，《信托法》第十条中所谓的"不产生效力"也并非指信托中关于财产权利移转的效力。

在法律关系的意义上理解《信托法》第十条中的信托，问题就衍变为：当事人未按照法律规定进行信托登记的，这种不能产生的效力究竟仅指部分效力，抑或法律关系的全部效力。笔者持前一种解释结论。

① 参见王轶：《民法总则法律行为效力制度立法建议》，载《比较法研究》2016年第2期。

如前所述，信托行为属复合行为，其由当事人之间的合同行为、物权行为以及潜在的信托登记行为构成。而对于合同行为、物权行为的生效已经分别由《民法典》合同编、物权编进行了评价。换言之，无论作为复合行为的信托行为能否在整体上生效，均无妨此两种行为的独立生效。故这种不能产生的效力仅指向法律关系中的部分效力。结合前文中对于信托登记的界定，这种部分效力所指的只可能是信托财产独立于受托人固有财产的法律效果，以及委托人、受益人行使撤销权的情形。

综上所述，当事人未按照法律规定进行登记的，不影响信托行为中的合同行为与财产权利移转行为的效力。如果财产权利已经发生移转，信托财产独立于委托人以及受益人的制度功能仍然能够实现。同时，笔者将在下一小节进一步指出，信托财产独立于受托人固有财产的实现也并非依赖于信托登记，建立信托登记制度的意义在于当委托人或受益人行使撤销权时，有助于其在交易第三人、受托人、受益人以及委托人之间进行利益协调。

（三）信托登记与信托外部效力的产生

如前所述，信托关系涉及诸多外部效力，使其无法单纯地通过当事人之间的合意完成。一项权利如果能够产生对世性，则必须存在相应的公示方法，使外部第三人事先知道该权利的存在及基本情况。在我国《信托法》中，这种外部效力涉及三个方面。即信托财产独立于委托人；信托财产独立于受托人；以及委托人与受益人撤销权的行使。其中，信托财产独立于委托人的实现有赖于委托人与受托人之间根据物权法加以完成。而对于信托财产独立于受托人以及委托人与受益人撤销权的行使，则均涉及信托登记。而由于我国尚不存在针对信托财产的信托登记制度，因此，学界和实务界对此多有诟病，并纷纷提出关于如何构建信托登记制度的建议。如有学者就曾指出，我国《信托法》虽然规定了设立信托，对于信托财产，应当依法办理信托登记，未依照法律规定进行登记的，信托不产生效力。但该规定过于简化，使得我国信托登记事实上处于“有法可依、无法实施”的窘境。[①] 笔者认为，信托登记固然重要，但不能认为其与信托外部效力的产生之间存在必然的联系。更为重要的是，就我国目前的信托实践而言，构建一套信托登记制度的意义不大。

首先，信托登记对于信托财产独立于受托人固有财产的作用有限。有学者曾指出，信托登记制度的缺位导致信托财产的独立性无法被彰显。[②] 就外部而言，由于“信托财产与受托者的固有财产混在一起，不易分清楚，所以事先应对作为信托财产的动产、不动产进行登记和标明，如果不登记，就不能防止债权者对这部分信托财产的强制执行”。[③] 这种认识得到了我国学术界的普遍认同。然而，这种认识忽视了登记制度的基本价值理念以及信托法上信托财产实现破产隔离的基本原理。信托的破产隔离主要是通过信托法对受托人信义义务的不断规制而得以实现。如前所述，当受托人没有按要求履行信义义务而产生法律责任时，以其固有财产承担相应的赔偿责任。也正是这种由受托人自身财产承担风险的机制，使在大多数现代信托中，受益人的合法权益得到有效保障，免受诸多潜在风险的侵害。[④] 在信义义务的要求下，受托人将信托财产与其自身固有财产分别记账、分别管理，同时将不同委托人的信托财产进行分别记账、分别管理。我国《信托法》及部门规章中一系列规定均旨在规范受托人的上述行为。这些规范所欲达成的目的就在于实现信托财产的独立，即不能将不同性质的财产混同。在《信托法》第十七条禁止强制执行的规定下，只要信托财产没有发生混同，受托人的债权人就无法就信托财产实现其权利。这一利益衡量的基础就是登记的制度功能。包括信托登记在内的任何登记制度，目的无外乎使权利产生

---

① 参见王庆翔：《二重性视角下信托公示制度之构建》，载《中国政法大学学报》2019 年第 1 期。

② 参见楼建波：《信托财产分别管理与信托财产独立性的关系——兼论〈信托法〉第 29 条的理解和适用》，载《广东社会科学》2016 年第 4 期。

③ 参见林贻影：《试论我国信托的法律管理》，载《福建学刊》1990 年第 2 期。

④ 参见［美］约翰 · H. 兰贝恩：《信托法的合同基础》，何美欢译，载《清华法学》2004 年第 1 期。

对世效力，进而保护交易第三人以及权利人的利益。而交易第三人在我国民商事法律中，具有特定的含义，即那些直接依赖登记簿中记载的内容而进行交易的人。我国《物权法》第一百零六条（《民法典》第三百一十一条）中规定的第三人就是典型的交易第三人。只有此类第三人才是我国登记制度所要保护的对象。至于非与信托财产进行直接交易的第三人而言，因其在交易之初，就未对登记簿中的内容产生可以被法律所保护的利益，因此，在不存在财产混同的情况下，禁止其对信托财产申请强制执行并不损害其任何利益。

其次，信托登记也并非撤销权行使的必要前提。根据传统信托法原理，受托人违背信托目的与第三人交易的，受益人可以向法院请求衡平追及（equitable tracing），而如果交易第三人不是一个真实且不知情的购买者，则法院将在交易标的上设置衡平留置权（equitable lien）。[①] 在法理上，信托登记制度的存在的确可以起到提示交易第三人查询受托人处分权限的作用，进而在受托人越权处分时将该行为予以撤销。有学者据此认定，进行信托登记是撤销权得以行使的必要条件，权利人不能凭借仅具有合同性质的信托文件而主张撤销权的行使。[②] 这种观点值得商榷：

第一，在公示信托财产后，如果继续要求交易第三人查明受托人处分权限，则极大加重了交易第三人的义务。信托文件往往具有私密性，并且内容极为复杂，专业人士尚可准确理解其含义，但对于一般投资者而言，要求其花费时间查询信托文件并准确理解专业术语，并不现实。即便在技术上能够做到将受托人的处分权限直接进行登记，这种由交易第三人负担该查询义务并承担法律后果的安排，也不利于信托行业的发展，既损害了受益人的利益，又违背了委托人设立信托的初衷。相比于通过信义义务治理模式实现处分权限的披露以及通过个案的具体情形判断交易第三人是否构成善意而言，采取统一的登记制度并由交易第三人

---

① See Restatement（Second）of Trusts §283~295.

② 参见孟强：《信托财产的公示问题》，载《广东社会科学》2013年第2期。

负担查询义务，无疑极大地加重了交易第三人的负担。这样的后果将会是市场中潜在的交易方鉴于法律风险以及查询义务的存在而放弃与受托人进行交易，或在交易价格上寻求相应的补偿。这样一来，人们在同等条件下将不再愿意与信托受托人进行交易，反而损害了受益人和委托人的利益。

第二，通过受托人信义义务治理模式能够起到保护受益人合法权益的目的，无需徒增交易成本。在传统普通法的时代，承认受益权的外部效力在实践中的唯一后果就是阻碍第三人与信托受益人进行任何交易。① 现代信托法之所以越来越倾向于承认交易的有效性，而不鼓励撤销权的行使，是因为在越权处分的情形中，可以由受托人直接对受益人的损失进行赔偿，而无需将效力扩散至已经支付对价的善意第三人。《美国信托法典》中也已对传统规则进行了修改，即与受托人交易的第三人无需对受托人的处分权限进行审查，交易的效力不因越权而无效。② 如前所述，在美国的信托交易中，第三人可以预设受托人拥有对信托财产绝对的处分权，法律在很大程度上免除了第三人的注意义务。美国信托法则通过对信义义务的全面规定实现对受托人行为的控制，以及对受益人、委托人合法权益的保护。

第三，在我国既有的私法制度中，无论在立法还是司法上，都存在突破合同相对性的实践，并且均未以权利的登记作为权利行使的前提。前者如《民法典》合同编中的第五百三十五、五百三十八条关于代位权与撤销权的规定；后者如《最高人民法院关于审理建设工程施工合同纠纷案件适用法律问题的解释（一）》第四十三条关于实际施工人直接起诉发包人的规定。这些规则的确立均建立在特定的价值考量之上，进而在立法或司法上突破了合同的相对性规则，而这些突破并没有以任何对权利进行登记的行为为前提。

---

① See Jesse Dukeminier & Robert H. Sitkoff, Wills Trusts and Estates, New York: Aspen Publishers, 2013, p. 584.

② See Uniform Trust Code, 1012 (a) - (b).

第四，在已经建立信托登记的国家和地区，撤销权能否行使也并非完全以登记与否进行判断。以日本为例，根据《日本信托法》第27条的规定，信托财产登记与否是判断交易第三人知道或应当知道受托人是否进行了处分权限外的行为的一个依据，对于一些无法进行信托登记的财产，交易第三人只要存在恶意或重大过失，权利人仍然可以行使其撤销权。① 由此可见，即便没有信托登记，只要能通过其他途径对交易第三人是否构成善意进行判断即可。综上所述，信托登记并非撤销权行使的必要条件。

综上所述，信托登记与信托行为的成立、生效以及信托财产独立性之间并无必然联系。

四、信托生效后财产权的移转

如前所述，信托行为是诺成法律行为，不要求物的交付即告成立。此外，信托行为的生效亦不因信托登记与否而受到影响。这也就意味着，信托生效后，财产权可能仍然属于委托人所有。换言之，该财产在法律性质上并非信托财产，其仍然属于委托人的责任财产，进而无法实现财产的独立性。而独立性的实现恰恰是信托关系的核心特征，如不能实现，则当事人只能在信托法之外寻求权利的救济。笔者认为，在肯认信托行为属于诺成行为，并且其生效不受登记与否影响的前提下，我国信托财产独立于委托人机制的实现是在信托行为生效后由委托人在合同义务的约束下，受托人在信义义务的规范和约束下完成的。具体而言，受托人签订信托合同或承诺信托后，信托关系随即成立并生效，而法律行为生效则意味着当事人之间权利义务的产生。而构成这种权利义务的重要部分就是委托人需完成财产的移转，而受托人在信托成立并生效后有权依信托文件的规定，要求委托人将财产权进行移转。遗嘱信托与合

① 参见［日］能见善久：《日本新信托法的理论课题》，赵廉慧译，载《比较法研究》2008年第5期。

同相比，具有一定的特殊性，对此将分别进行讨论。

（一）合同信托生效后财产权的移转

对于合同信托，信托行为生效后，受托人一方面在信托关系中对受益人承担信义义务，并享有管理、处分信托财产的权利；另一方面，根据其与委托人所签订的信托合同（信托文件）享有对特定物（信托财产）的权利。换言之，在合同信托行为生效后，信托财产可以仍然归属于委托人，但该财产已经成为信托合同中的标的物，即一项准信托财产，受托人应当在信义义务的约束和指引下，为了受益人的利益，向委托人主张财产权的移转。因为，如果财产不发生移转将损害受益人的合法权益。一方面，受托人如不能对财产实现有效控制，信托财产将不能按照预期进行管理，信托利益将无法得到分配；另一方面，财产权利不完成移转意味着该财产仍然属于委托人的责任财产，当出现资不抵债时，委托人的财产将成为被执行的对象，进而损害受益人的利益。因此，在信托行为生效后，受托人的信义义务随之产生，其有义务为了受益人的利益采取合理的步骤，包括以诉讼的方式，完成财产权的移转。

其中存在争议的法律问题是，受托人是否有权向委托人主张财产权的移转，亦即委托人是否有法律上的义务将财产权利移转给受托人。在英美衡平法中，存在“衡平法不支持无偿受让人规则”（equity will not assist a volunteer），其原本适用于赠与、遗赠等案件，而后适用于信托领域，原因在于英美法系认为信托与赠与类似，均不存在“约因”（Consideration），即合同得被强制执行的基础，因而不具有强制性。如果没有发生财产权的移转，除非受益人已经提供了“约因”，否则衡平法上受益人就不得对委托人强制实施信托。① 英美法系上的“约因”是合同得以强制执行的基础，如欠缺“约因”，则不产生可以被法律强制执行的债权债务关系。如在赠与行为中，受赠人接受财产具有无偿性，

---

① 参见金锦萍：《论法律行为视角下的信托行为》，载《中外法学》2016 年第 1 期。

不存在对价的给付，因而其不能请求强制执行赠与人的财产。在信托中，由于传统信托为无偿信托，即受益人获得信托利益时并不支付任何形式的对价，因而由于缺乏这种“约因”，故不得强制委托人进行财产权的移转。例如，在 Miroy v. Lord（1862）案[①]中，由于委托人没有完成财产移转的登记，法院据此认为信托尚未设立。理由在于：原告未能提供“约因”，所以他是纯粹的无偿受让人，根据“衡平法不支持无偿受让人”的规则，委托人并不因此受到约束，即无偿受让人不能向他人请求履行信托。[②] 此后，该规则逐渐演变为“财产要件规则”（res requirement）。“财产要件规则”的法理基础在于，一方面财产权的移转使得信托关系区别于其他法律关系，而更为重要的是只有委托人进行了财产权的移转，法院才能清晰地判断其将财产利益授予他人的意愿。[③] 由此可见，英美法系是通过“财产要件规则”的确立来调整委托人与受益人之间的利益关系，简而言之，委托人即便签订信托文件，但只要没有将财产权利移转给受托人，信托就不能成立，其也不负担将财产权利移转这一义务。相比之下，在一些大陆法系国家和地区，信托法是通过规定法律行为的要物性来实现这种利益关系的协调。即，在要物行为中，除意思表示外，还需进行财产的交付，法律行为才能成立，如尚未交付，则相关各方之间不产生权利义务关系，受托人自然不得向委托人主张特定财产的移交。而根据我国《信托法》的基本文义，信托行为不具有要物性，信托行为仅以委托人与受托人意思表示的一致作为成立条件。

实践中，信托合同的签订与财产权的移转之间并非同时发生，通常是基于特定的交易结构所致。现代商事信托交易远比强调“信托财产要件规则”时代的信托交易复杂，在成文法下，严格要求合同的要物性，不利于保护已经达成合意的当事人之间的合法权益。事实上，我国

① See Milroy vs Lord（1862），4 De GF & J 264；45 ER 1184.

② 参见金锦萍：《论法律行为视角下的信托行为》，载《中外法学》2016 年第 1 期。

③ Jane B. Baron，“The Trust Res and Donative Intent”，61 Tulane Law Review，1986，pp. 51~52.

《信托法》要求的受托人信义义务与委托人义务的产生先于信托财产移转的模式更为贴合当代商业社会的信托实践。

首先，在2018年4月《关于规范金融机构资产管理业务的指导意见》（即“资管新规”）出台前，我国信托业务中存在大量的通道类业务。[①] 通道业务是指银行与信托公司合作，由商业银行将客户理财资金作为信托财产转移给信托公司，由信托公司担任信托受托人，并按照信托文件的约定进行管理、运用和处分的行为。[②] 在这类交易中，信托公司一般存在两种身份，其一为借款合同中的贷款人，其二为信托合同中的受托人。银行是信托合同的委托人，通常以对外发行理财产品的形式募集日后的信托财产，即资金。在时间顺序上，信托合同与贷款合同通常情况下同时签订。银行与信托公司签订信托合同，就双方的权利义务、信托财产以及资金用途等事项进行明确约定。与此同时，信托公司与融资人签订贷款合同，约定贷款金额、利息等内容。在上述合同均签订后，银行发行理财产品，与投资者签订理财合同，从而募集日后将成为信托财产的资金。[③] 在这样的交易结构下，银行发行理财产品的兑付基础就是由借款合同而产生的利息。在法律层面，这种基础就体现为信托合同与借款合同的生效，如果二者之一无法产生效力，其募集行为将发生极大的风险。对于借款合同，根据我国合同法的规定，金融机构作为贷款人的借贷合同均为诺成合同，当不存在无效事由时，其自签订之日起就产生法律效力。换言之，当借款合同签订之日起，作为融资人的借款人享有针对信托公司的债权请求权。对于信托合同而言，在签订时尚未存在信托财产，此时，基于行为的诺成性，在作为受托人的名义贷款人与作为委托人的实际贷款人之间产生了法律上的约束力。相反，如

① 参见吴敏：《通道业务占比超六成，信托业再整顿风雨欲来》，载《华夏时报》2018年1月15日第21版。

② 参见《中国银监会关于规范银信理财合作业务有关事项的通知》第一条。

③ 如，在北京宏怀房地产开发有限公司与中诚信托有限责任公司借款合同纠纷上诉案中，北京农商行（委托人）与中诚信托公司（受托人）签订的信托合同，以及借款人宏怀房地产公司与贷款人中诚信托公司签订的借款合同均在2008年4月3日签订。而理财产品则于2008年4月15日由北京农商行对外发行。参见北京市高级人民法院（2010）高民终字第1411号民事判决书。

果将信托合同解释为要物合同，将严重危及委托人与受托人的利益。对于委托人，其所发行的理财产品的兑付以信托贷款的利息为基础，当其募集资金后，如果允许受托人主张信托合同尚未成立，则将导致委托人无法履行其兑付行为。对于受托人，由于借款合同的诺成性，无论是否获得银行的资金，均有义务按照约定履行其放款义务。此时，如信托合同不能成立，则信托公司将无法向银行主张交付信托财产的义务。由此来看，在通道类业务中，承认信托合同的诺成性至为重要，是成功交易的关键。

其次，以将受益权移转作为融资手段的商事信托为例。在这一融资活动中，委托人将自己所有的特定资产作为信托财产，并以自己作为唯一受益人与受托人签订信托合同，与此同时，委托人与购买者签订买卖合同，将其享有的信托受益权移转给购买者。在实践中，委托人并非按照时间顺序完成上述步骤。即在自益信托开始后，不是慢慢寻找这些购买者，而是在签订信托合同的同时，就与购买者签订了受益权移转合同。[①] 作为受益权的购买者，若信托能否生效处于不确定状态，其将会面临不能履行的法律风险。而作为委托人的资金需求者，为了确保能够获取资金又必须以此行事。为此，法律必须规定只要委托人与受托人签订了信托合同，即便信托财产尚未实现移转，委托人与受托人的信托义务均产生效力。即受托人在信义义务的约束下，委托人在合同义务的约束下，完成财产权的移转。因为在这一融资模式中，只要信托合同签订，委托人不能随意撤销其承诺是各方当事人共同的需求。由此来看，我国《信托法》第八条的规定以及信托行为的非要物性能够完美地与实践需求相契合，是可取的解释结论。在实践中，这种以信托受益权移转作为融资手段的现象已经极为普遍。

最后，以资产证券化的实践为例。委托人将特定资产的财产权完全转移给受托人，受托人基于受让资产可产生的稳定现金流，向投资者发

① 参见［日］道垣内弘人：《信托法入门》，姜雪莲译，中国法制出版社2014年版，第20页。

行受益权凭证。随后，获得投资者资金的受托人将这些资金用于支付受让特定资产的对价，以完成真实出售的要求。而在现实的商事信托中，受托人在实际受让基础资产前，已经与委托人和投资者签订了信托合同以及受益权转让合同。[①] 受托人并非先以自有资金支付对价，然后在市场中寻找潜在的投资者，而是将投资者的资金直接用于购买基础资产。[②] 这样一来，受托人的风险降至最低，委托人也能获得更多的融资机会并降低融资成本。那么，法律此时需要出面平衡的利益自然是受益人（投资者）的权利实现。在上述资产证券化的交易中，投资者的利益受合同法的保护，即其与受托人之间签订的受让信托受益权的合同，在卖方（受托人）违约时，承担违约责任。作为卖方的受托人履行合同义务的前提是其能够从委托人处获得特定的资产，为此法律必须使委托人与受托人之间的信托行为产生效力。换言之，受托人可以根据信托合同强制委托人交付基础资产。就此而言，赋予信托行为以诺成性可以有效地保障受托人顺利获得信托财产，进而保护受益人按约定取得受益权份额。

综上所述，在合同信托中，信托行为的诺成性能够与目前的商事信托实践相契合。信托行为成立并生效后，受托人基于信义义务的要求，应当向委托人提出移转信托财产的请求，委托人基于合同义务应当将信托财产权利移转给受托人，以实现受托人对信托财产的管理处分以及破产隔离功能，进而达成受益人的利益。

（二）遗嘱信托生效后财产权的移转

我国《信托法》承认了遗嘱信托的合法性，不过以此方式设立信

① 如，在国通信托有限责任公司诉融信租赁股份有限公司借款合同纠纷案中，发起人与计划管理人之间关于约定资产转让及管理的买卖合同以及与存管银行签订的监管协议分别于 2017 年 8 月 31 日以及 2018 年 2 月 1 日签订。而真正履行完权利移转的登记手续则是在 2018 年 4 月 25 日。参见湖北省武汉市中级人民法院（2019）鄂 01 执异 786 号执行裁定书。

② 参见［美］约翰·迪肯：《全球资产证券化与 CDO》，宋泽元等译，机械工业出版社 2019 年版，第 88 页。

托的实践在我国仍极为罕见。与合同信托相比，遗嘱信托在许多方面均具有较强的特殊性。在遗嘱信托中，委托人作为遗嘱人，在其遗嘱中作出以特定财产设立信托的意思表示。信托的意思表示随着遗嘱的生效而生效，受托人在得知该意思表示后，如果接受信托，那么应当作出承诺信托的意思表示。在财产权的移转方面，财产权于信托生效时已经发生移转，无需借助受托人积极履行信义义务的方式完成财产的移交，在此过程中，受托人的义务主要体现为在取得财产权后，实现对信托财产的实际控制，即按照信托文件以及信义义务的要求管理信托财产。根据《信托法》第八条的规定，在遗嘱信托中，受托人承诺信托时，信托即成立。当不具备无效事由时，信托自成立时生效，被指定之人的身份由此转变为信托关系中的受托人。同时，根据《民法典》第一千一百二十一条以及《民法典》第二百三十条的规定，遗嘱中规定的财产权利变动自遗嘱人死亡时发生；另根据《民法典》第一千一百二十四条的规定，继承人与受遗赠人需以法律规定的方式作出是否接受继承或遗赠的意思表示。由于在信托关系中，受托人管理处分信托财产均出于受益人利益或特定目的的实现，因此，在继承关系中，只要继承人或受遗赠人承诺信托，就应当按照《民法典》第一千一百二十四条规定的方式作出接受继承或遗赠的意思表示。此时，作出该意思表示即为履行信义义务的行为。具体而言，继承人作为受托人的，其无需作出接受的意思表示，但不得作出放弃继承的意思表示；受遗赠人作为受托人的，应当尽快作出接受遗赠的意思表示。在按照要求作出上述的意思表示后，受托人在忠实义务、谨慎义务的约束下，应当采取合理的措施实现对信托财产的控制，并促成财产权的移转，否则将承担相应的责任。

（三）诺成性的例外与信托财产权的移转

现代法律行为以诺成行为为主要形式，立法者赋予当事人意思表示以法律上的拘束力，以贯彻诚实信用原则的价值理念。从趋势上看，要物行为的衰落已经是不争的事实，但作为例外，诺成行为仍因法律的特殊规定以及当事人的约定而具有要物性。

“无偿行为人保护”理论为要物法律行为的存在提供了法理基础。有德国学者曾指出，就无偿合同而言，基于与罗马法上相同的经济性的、由其本质所决定的理由，应反对其可诉性，从而当事人所作的单纯的允诺不具有约束力。① 我国亦有学者指出：“只要天下有无偿契约，就有要物契约存在的必要，我想这点基本上是颠扑不破的。”② 因此，法律可以基于特定的价值考量赋予意思表示以拘束力，同样也可以基于特定的政策考量而作出相反规定。

以公募证券投资基金为例，根据《证券投资基金法》第六十六条第二款的规定：“投资人交付申购款项，申购成立；基金份额登记机构确认基金份额时，申购生效。”准此，申购人除了作出承诺的意思表示外，尚需交付相应的款项，信托行为方可成立。而在一些私募基金中，投资者的资金在交付给受托人之前，各方已就证券投资基金的基本问题达成合意，然后这些内容才向投资者公开。③ 投资者看到信息之后购买信托产品，和受托人缔结契约，此时资金虽未向受托人转移，但却认为委托人和受托人都应当向受益人承担起信托法上的义务。④在民事信托方面，我国的民事信托均以家族信托的形式开展。银保监会于 2018 年 8 月 17 日下发《中国银行保险监督管理委员会信托监督管理部关于加强规范资产管理业务过渡期内信托监管工作的通知》（信托函〔2018〕37 号，以下简称“37 号文”）。根据“37 号文”第二条的规定，家族信托的受益人应包括委托人在内的家庭成员，但委托人不得为唯一受益人。此时，受托人的信义义务实际也指向了委托人，在这样的情形下，委托人与受益人的利益重合，受托人不向委托人提出转移财产的要求并不必然违反信义义务的要求，还应视信托文件的具体内容进行分析。

除此之外，大陆法系民法在以诺成性作为贯彻意思自由的同时，又

① 参见张金海：《要物合同的废止与改造》，载《中外法学》2014 年第 4 期。

② 参见朱庆育：《意思表示解释理论》，中国政法大学出版社 2004 年版，第 85 页。

③④ 参见金锦萍：《论法律行为视角下的信托行为》，载《中外法学》2016 年第 1 期。

为要物合同留下了弹性的生长空间，这表现为合同自由原则赋予了当事人可以自由约定以物之交付为成立或生效要件的可能。[①] 这就是说，在信托中，当事人可以根据具体交易的需要，以约定的方式实现信托行为的要物性。那么，在要物性的要求下，信托行为的成立、生效与信托财产权的移转一并完成。这种例外的约定可见于商业银行经营的理财业务中。商业银行实施的理财业务在法律性质上亦可解释为信托关系，在此类由商业银行担任受托人的信托中，投资者与商业银行的合同中也明确约定了信托行为的要物性，[②] 从而排除了《信托法》的任意性规范。

五、小结：信托财产归属于受托人的实然解释路径

在第二章中，笔者分析了在理想状态下信托财产应当归属于受托人，然而，这种法学上的应然状态必须再次回归到制定法上，在现行法中能动地寻求一个实然的解释路径。根据本章的分析，我国《信托法》将实现财产权的移转归入了受托人信义义务以及委托人合同义务的范畴。如果信托财产未进行移转的，信托仍属成立，只不过无法实现信托财产的独立性机制，进而在发生风险时，由受托人以及其他相关责任人承担违反信义义务或违约所引发的法律责任。事实上，在英美法系学者看来，一个典型的普通法信托同样可以理解为包含三方当事人：委托人将财产权移转给受托人，由后者为了受益人的利益管理处分信托财产。[③] 信托一经设立，委托人随即退出信托关系的说法，所强调的不过是信托财产权完成移转后，委托人在信托关系中的权利状态。《信托法》第十四条第一款规定："受托人因承诺信托而取得的财产是信托财

---

① 参见王利明：《合同法研究（第一卷）》（修订版），中国人民大学出版社 2011 年版，第 30 页。

② 《中国银行股份有限公司理财产品总协议书》第四条第五项规定，如果因为投资者的原因导致理财款项不能从其资金账户足额划转的，申购行为无效。参见杨洋：《商业银行理财产品的法律性质研究》，载《广西政法管理干部学院学报》2013 年第 3 期。

③ See Henry Hansmann & Ugo Mattei, The Functions of Trust Law: A Comparative Legal And Economic Analysis, 73 New York University Law Review, 1998, p. 438.

产。”据此，信托财产的形成由两个因素构成：其一，受托人作出承诺信托的意思表示；其二，受托人在信义义务的约束和指引下将信托财产之上的所有权移转给自己，即取得行为。而根据前文所述的法律行为理论，受托人仅作出承诺意思表示的，虽然信托可以生效，但由于未完成取得行为，信托文件约定的财产仍然无法成为信托财产。从财产独立性的角度来看，信托财产是具有独立性的财产；换言之，不具有法律上独立性特质的财产不是信托财产。在受托人取得信托财产前，信托财产无法与委托人相互隔离，因此不具有独立性，从而不构成信托财产。由此，在对信托财产的法律归属或信托财产的所有权归属等问题进行讨论时，实际上已经预先限定了一个讨论的框架，即在信托行为已经生效后，并且是在委托人按照信义义务的要求已经完成了财产权利移转这一前提下。此时，财产权利只能归属于受托人。

第四章　受托人取得所有权后与一物一权原则的协调

在全球化的时代，法律移植的现象不可阻挡地发生在各个国家和地区的立法之中，没有哪个国家或地区的法律能够完全与其他国家的法律完全隔离，且不受影响。[①] 现代信托法律制度起源并成熟于英美法系，基于不同的原因，承袭大陆法系传统的国家和地区纷纷对这一英美法系的制度进行了不同程度的法律移植。[②] 我国亦属于大陆法系国家，在移植这一英美法律制度的过程中，与其他大陆法系国家和地区一样，遇到了因法律文化的不同而产生的各种理论冲突。[③] 在我国《信托法》的起草过程中，立法者的一个担忧就是，如果由受托人享有信托财产所有权，那么就将形成双重所有权的局面，进而与我国物权法一物一权的基本理念相冲突。[④] 由于该理论冲突在当时并未得到有效解决，加之涉及物权，可能影响社会主义的基本经济制度，故立法者对于域外经验的借鉴，体现出了格外谨慎的一面。[⑤] 事实上，在其他大陆法系国家和地区，如日本，这种财产权理念上的差异并未演化为立法者对于信托财产

---

① 参见王晨光：《法律移植与转型中国的法制发展》，载《比较法研究》2012 年第 3 期。

② 参见王志诚：《信托法》（第六版），我国台湾地区五南图书出版股份有限公司 2017 年版，第 5 页。

③ 参见高凌云：《被误读的信托——信托法原论》，复旦大学出版社 2009 年版，第 3 页。

④ 参见周小明：《信托制度：法理与实务》，中国法制出版社 2012 年版，第 41 页；另见王涌：《中国信托法的基本问题》，载《中国法律》2012 年第 5 期。

⑤ 参见张新宝、张红：《中国民法百年变迁》，载《中国社会科学》2011 年第 6 期。

法律归属的模糊处理，而是体现为学理中对于信托受益权法律性质的讨论。[①] 至今为止，这一问题依旧困扰着信托法学界以及立法者。一些学者从比较法的角度对这一理论冲突进行了澄清，但未得到理论上的普遍接受，信托法学界多数观点仍然认为双重所有权理论与一物一权原则相冲突，两套财产权体系不能兼容。更为重要的是，这种理论上的澄清也未能改变（准）立法者的上述误解。在 2019 年全国人民代表大会上，就有专家提出了“尽快启动《中华人民共和国信托法》的修订工作”的建议。该提案的第一条建议就是“调整信托定义，承认信托财产双重所有权”，具体方案是将其中的“委托给”修改为“转移给”。[②] 这种修订本身无可厚非，但在这些（准）立法者看来，这种修改却须以“信托财产双重所有权”的继受作为代价，这就使问题又回到了原点。由此来看，解释双重所有权与一物一权的冲突，仍然迫在眉睫。对此，有许多学者也指出，由概念引发的理论之争难以调和，构成了在解释信托关系时难以逾越的障碍，应当对现有概念进行重构，并引入衡平法的概念。[③] 但是，从方法论的角度来看，作为一项制度性研究，不应过分陷入逻辑分析，从而造成“自说自话”“自我封闭”的现象，一项有益的制度性研究应当是在体系强制的要求下进行的。[④] 特别是在我国民法和信托法具有混合继受特点的背景下，这种体系化的研究方法具有格外重要的价值，其关系到制度之间、制度与规则、以及规则之间的和谐和统一，是法典化的必然要求。[⑤] 有鉴于此，本章将从两大法系所有权概念及理念比较的角度，更为深入地论证双重所有权理论与物权法中的一物一权原则并无实质冲突，以期消除立法者的担忧。

---

① See Masayuki Tamaruya, Japanese Law and the Global Diffusion of Trust and Fiduciary Law, 103 Iowa Law Review, 2018, p. 2237.

② 参见李清如：《信托业正处在大有可为的时代——专访全国人大代表、中国银保监会信托部主任赖秀福》，载《中国金融家》2019 年第 3 期。

③ 参见刘韶华：《信托原理在民商事法律实务中的应用》，法律出版社 2012 年版，第 196 页。

④ 参见［德］卡尔·拉伦茨：《法学方法论》，陈爱娥译，商务印书馆 2003 年版，第 6 页。

⑤ 参见王轶：《民法原理与民法学方法》，法律出版社 2009 年版，第 10 页。

一、大陆法系对罗马法的继受与所有权的绝对化

日耳曼所有权制度由于在理念上符合封建统治者的意志，因而其主导了中世纪欧洲大陆的土地立法。[①] 在法国，具有经济价值的土地在该时期内不具有可转让性。同时，土地所有权被分割，即由封建领主享有的身份上的所有权，而实际使用土地的人享有的是使用上的支配权。在这种权利结构下，领主的支配权渐渐转变为封建领主的特权，由此产生了皇权支配权的基本原则。服务于皇权的最高所有权思想进一步成为论证国家权力对私人权利进行干预的基本理论。[②] 在德国，直到18世纪末，整个国家所有权体系仍然承袭日耳曼法的规则。[③] 随着时间的推移，经济实力上的壮大使得资产阶级强烈要求变革旧有制度对其发展的束缚。法国最先爆发了资产阶级革命，并以其彻底性著称。资产阶级革命成功后，一个亟待完成的任务是以立法的方式固定革命的成果。在社会面临大转型的特殊时期，民法典的制定具有至为重要的意义，其蕴涵了社会赖以运行的最基本要素，即所有权制度。而之所以选择罗马法作为新生政权的继受对象，其中虽然存在历史传统的因素，但更为重要的是罗马法中确立的诸多价值能够满足发展资本主义的诉求。因为，作为转型时期的民法典，它还肩负着保护新兴阶层和新生法秩序的重要任务。[④]《国法大全》中的内容既表达了国家权力以及皇权不受法律限制，同时也致力于建立一套高效、有序的官僚体系。这样一来，罗马法实际上既可以实现新政权实现中央集权的愿望，又可以为力图摧毁封建势力的资产阶级统治者们提供一个实现最终目的的绝佳手段。[⑤] 在这样的背

---

① 参见王利明：《民商法研究》（第2辑），法律出版社2001年版，第286页。

② 参见马新彦：《罗马法所有权理论的当代发展》，载《法学研究》2006年第1期。

③ 参见陈华彬：《外国物权法》，法律出版社2004年版，第9页。

④ 参见石佳友：《民法典的“政治使命”》，载《山东审判》2018年第1期。

⑤ 参见［英］范·卡内冈：《欧洲法：过去与未来——两千年来的统一性与多样性》，史大晓译，清华大学出版社2005年版，第93页。

景下，绝对所有权的概念自然而然地随着罗马法进入了欧洲大陆地区。事实上，这次法律继受运动中，最为广泛的继受就出现在私法领域，表现为对优帝私法的接受。① 受法国大革命成功及其所宣扬的资本主义民权思想的影响，德意志帝国也随之建立，经典的《德国民法典》于1896年颁布。该部法典的制定标志着现代法治对罗马法继受的基本完成，奠定了大陆法系物权法的基础。可以认为，大陆法系就是以继受罗马法为基础，以1804年《法国民法典》与1900年《德国民法典》为代表的法律体系。②

大陆法系民法典规定的所有权是具有绝对效力的基本权利，并通过物权法定原则加以固定。《法国宪法》作为资产阶级第一部成文宪法，在其序言中就有“私有财产是神圣不可侵犯的权利，任何人的这种权利都不可剥夺”、是“与生俱来的永存的”权利的规定。这些原则贯穿于自由资本主义时期欧洲各国的财产法之中。③ 在自由资本主义时期，人们已经意识到日耳曼所有权制度是发展资本主义和商品经济的绊脚石。因而在民事法律的制定上，随着财产自由理念的深入人心，市场主体迫切地需要能够解放生产力，释放所有权权能的法律规则。罗马法所有权制度中包含的所有权绝对、所有权自由以及一物一权原则完美地迎合了人们物欲膨胀的心态以及国家发展资本主义的需要。在罗马法上，所有权的绝对性被体现得淋漓尽致。罗马法中的土地近乎是所有权人独立的领土，它把所有依附于它的部分作为添附加以吸收，禁止他人未经家父同意进入自己的区域或主张任何权利。④ 换言之，罗马法上的所有

---

① 参见［德］弗朗茨·维亚克尔：《近代私法史（上）》，陈爱娥、黄建辉译，上海三联书店2005年版，第115页。

② 参见何勤华：《关于大陆法系研究的几个问题》，载《法律科学（西北政法大学学报）》2013年第4期。

③ 参见马新彦：《罗马法所有权理论的当代发展》，载《法学研究》2006年第1期。

④ 参见［意］彼得罗·彭梵得：《罗马法教科书》，黄风译，中国政法大学出版社2005年版，第182页。

权意味着权利人在自己的土地上建立了能够和国家权力分庭抗礼的领域。[①] 这对于自由资本主义时期也是至关重要的价值，绝对的所有权作为一项财产权利的同时，还肩负着构筑公权力边界的作用。

二、英美法系中日耳曼法的延续与所有权的相对性

日耳曼法对英国所有权制度的影响延续至今。在英国封建时期的保有制下，国内一切土地均由国王在名义上所有，这种所有权在本质上是一种伴随等级性和身份性的封建特权。而在实际上，土地之上的各种权利均由庄园主享有，这些权利人实际享有着所有权的各种权能，农民从庄园主手中获得对土地进行耕种的权利，同时负担各种形式的封建义务。[②] 在这样的土地制度中，国王位于金字塔的顶端，而直接占有土地的保有人则位于底部，他们向上级提供的封建役务就是皇室财产的主要来源。[③] 但相对于大陆法系国家革命的彻底性，一般认为，在英国发生的资产阶级革命具有明显的妥协性与保守性。这种妥协性在国家的政治体制上表现为君主立宪制。在立法上的体现就是那些具有实质封建因素的法律制度得以保留，只不过被以资产阶级的形式进行表达，一些封建制度甚至直接被冠以资本主义的名称。具体到土地制度上，普遍认为，农民没有实现对土地的所有，而且仍然要承担相应的封建义务。[④] 这样一来，罗马法对英国资产阶级的吸引力完全与对大陆法系资产阶级的吸引力不可同日而语。由于革命的不彻底性，那些能够满足资产阶级意愿的封建制度得以保留，而日耳曼法上的双重所有权制度恰能满足当时各种政治势力的需求。

就内容而言，日耳曼法的所有权制度有别于罗马法，前者以对物的

① 参见李凤章：《法律移植，移植什么？——以土地所有权的中国命运为中心》，载《法律科学（西北政法大学学报）》2009 年第 6 期。

② 参见马新彦：《罗马法所有权理论的当代发展》，载《法学研究》2006 年第 1 期。

③ 参见刘兵红：《英国财产权体系之源与流》，法律出版社 2014 年版，第 20 页。

④ 参见胡伏荅：《关于英国革命》，载《益阳师专学报（哲学版）》1984 年第 3 期。

利用为中心来确定权利，这就使得所有权是相对且具体的。这一对所有权的基本认知也为日后的权利束理论奠定了基础。与之相反，罗马法则以对客体的绝对处分为中心，因而派生出了一个具有绝对性的所有权。在日耳曼法中，在不动产之上形成双重所有权，即在同一土地上并存上级所有权和下级所有权。其中，上级所有权就是领主和地主享有的对土地进行管理的权利、处分土地的权利及收取佃租、地租或接受其他代偿的义务，但同时享有使用收益其土地之权利。① 从上述双重所有权的基本含义中可见，上级所有权或下级所有权并非同一意义上，或具有相同内容的所有权，且非一般所言的全面支配权意义上的所有权，而是不同形态的利用权，其并非对物权排他效力的否定。② 正如有学者所指出的，离开了对土地的利用，就失去了土地存在的意义，因此土地所有权的本质，不在于抽象之“所有”，而在于具体的“利用”。③

相比于大陆法结构所形成的文艺复兴时代开始强调的每个人都有平等的私权，因此每个人的所有权相互平等、不可侵犯。在日耳曼法依然延续的英美法系国家，由于并未经历类似文艺复兴的中断式革命，在观念上仍然认为一切土地属于国王所有，即国王享有土地上的所有权，而个人只是拥有土地的保有权，但该保有权在内容上极为丰富，而所有权在内容上相较之则甚为空泛。④ 这种双重权利构造模式的影响力一直延续到现代英美法中的土地法，乃至整个财产法，只不过随着社会的进步，其中的封建因素在很大程度上得以剔除。⑤ 而土地所有者的身份无法为权利人（国王）带来任何实质性利益，但在理论上仍然被沿用。⑥ 这样的法制传统毫无疑问没有所有权绝对思想生长的土壤，取而代之的

① 参见孙宪忠：《德国当代物权法》，法律出版社 1998 年版，第 20 页。

② 参见傅穹：《物权效力论纲》，载《法制与社会发展》2000 年第 3 期。

③ 参见汪军民：《论罗马法与日耳曼法中土地制度的差异与统一》，载《理论月刊》2006 年第 12 期。

④ 参见于海涌：《论英美信托财产双重所有权在中国的本土化》，载《现代法学》2010 年第 3 期。

⑤ 参见马新彦：《罗马法所有权理论的当代发展》，载《法学研究》2006 年第 1 期。

⑥ 参见刘兵红：《英国财产权体系之源与流》，法律出版社 2014 年版，第 191 页。

是相对化的所有权观念。同时，应当注意到，普通法上的所有权实际上没有确定且具体的含义，而是在不同的情景之中，结合不同的权利人，对该权利人来说，可以享有哪些具体的权利，而非类似于大陆法系那样，在财产法体系中设置一个优先于各种具体权利的绝对所有权。① 这样的被弱化的所有权观念在解释信托财产归属问题上显得游刃有余，进而不存在大陆法系中出现的认知障碍。

三、两大法系所有权概念之比较

（一）对权利客体的不同认知

不同的法制发展历史导致了两大法系截然不同的财产法体系，而对于权利客体的不同认知是理解这种差异最为关键的突破点。同时，明确这种差异有利于理解英美法系双重所有权理论的精髓。

大陆法系民法将各种有体物和权利一概视为财产，也即权利客体。其中有体物包括动产与不动产，根据一物一权原则的基本要求，凡有体物，其上有且只能存在一个根本性的权利，即所有权。大陆法系物权法以这种绝对的所有权为核心构建了一套旨在协调财产关系的规则体系。所谓无形财产权就是指有体物以外的，能给权利人带来经济利益的财产，主要是指各种权利。在这种分类中，权利与权利客体的概念得以明确区分。

与此相反，英美法系并未对所有权客体作出限制。同大陆法系将各种物和权利均视为财产不同，单纯的有体物本身在英美法系中并不构成财产（property）。作为财产的一般定义，所谓财产是一个权利束（bundle of rights）或被比喻为“一把木条”（a bundle of sticks），② 其本质就是人与人之间的关系。按照英美法律人的看法，只有在有体物上附

① 参见龙翼飞、杨建文：《论所有权的观念》，载《法学杂志》2008 年第 2 期。

② See Black's Law Dictionary（8th ed. 2004），property.

加了旨在调整人际关系的权利概念时，才具有成为财产的现实意义。换言之，在英美法系，一切财产权均能以“所有权”（ownership）的方式对其归属问题进行表达。所谓财产权，依一般解释，系指包括金钱及可依金钱计算价值的权利在内，诸如动产、不动产、有价证券、商业票据、现金等具有财产价值的权利固属之，其他如属于准物权的矿业权、渔业权，以及属于无体财产的著作权、专利权、商标权等亦包括在内。[①] 正如一位英国学者指出的，若所有权为人们拥有权利的标志，那么无论在何时何处，所有人拥有的仅仅是权利本身，其所有权也只是无形财产，故我们在将无形财产作为所有权的客体时，已经脱离了所有权之外的诸多含义，而只是具有“拥有”或“享有”的意思。[②] 基于这种差异，我们应当清楚地认识到：有体物在大陆法系是重要的财产类型，从罗马法时期就创设了针对有体物的一物一权理论来实现法律控制，而在将权利视为唯一财产类型的英美法系，一物一权原则仅在确认权利归属方面具有与大陆法系相同之意义。

权利束理论对普通法的贡献不仅在于其将财产视为人与人之间形成的关系，更在于它打造了普通法财产权利分割理论的基础，即作为一个权利束中构成要素的各个权利各自可以在不同的权利人之间流转，以不同的财产持有方式进行分割（split or divided），信托即是上述分割方式中的一种。[③] 事实上，英美财产法处理实践问题一直以来都是：如何将同一财产之上潜在的各种利用机会在不同的主体之间实现分配，以使得每个主体都能够和谐地实现对财产的利用，也就是说，至少在理论上，财产（一束权利的集合）可以被分割成为无限多的子权利，这些子权

① 参见王志诚：《信托法》（增订第6版），我国台湾地区五南图书出版股份有限公司2017年版，第131页。

② 参见梅夏英、高圣平：《物权法教程》（第三版），中国人民大学出版社2015年版，第20页。

③ See Daniel Clarry, Fiduciary Ownership and Trusts in a Comparative Perspective, 63 International & Comparative Law Quarterly, 2014, p. 904.

利均对应着相应数量的人与人之间的关系。①

因此，如果不能从对财产认知的角度进行比较，则难以在两大法系之间构建一个关于信托财产归属问题讨论的对话桥梁。

（二）不同理念的财产法体系

对财产认知的不同导致了两大法系在对财产的基本理念上产生了差异，并由此各自构建出了不同的财产法体系。在大陆法系物权法中，所有权具有至高无上的地位。这种超然性表现为当其他权利与所有权发生冲突时，所有权优先于其他权利得到保护。与大陆法系预先设定各种权利的“优劣”有所不同，英美法系并没有赋予某一权利以超然的法律效力，即在发生权利冲突时，预设某种权利优先于其他的权利实现。如在法律没有除外规定的情况下，当物权人与债权人的利益发生冲突时，由于物权具有优先性，则债权人权利的实现要让位于物权人。英美法系对此的处理恰恰相反，法律并没有预先设定各种权利之普遍效力，而是采用情景思维（falldenken）的办法，在各种具体案情的背景下比较各方产权（title）的具体内容。换言之，英美法系面对权利冲突时，比较的不是权利的类型，而是权利的具体内容，对其中较优（better）的权利给予保护。

在缺乏一个具有超然性财产权利的结构中，可以说英美法系的财产法制度是建立在各种权益（estates）之上的。Estate 制度由封建土地保有（Tenure）制度发展而来。避开英国古代封建因素不谈，单就现代 estate 制度，其核心理念有二：其一为抽象实体（notional entity）；其二是时间分割。具体而言，开始是在客观的土地之上构建出一个抽象实体，使得实物与权利分离。人们可以根据不同的需要而对这一存在于人们想象之中的抽象物进行功能、时间等多个角度的切割，根据不同的标准将该实体切割为多个独立的权益，这些被分割，甚至被再次分割的权

① See Bruce A. Ackerman, Private Property and the Constitution, New Haven: Yale University Press, 1977, pp. 26~27.

益都被称为 estate。[①] 这就意味着，在同一物（抽象实体）上可以存有不同的 estates。例如，权利人可以在其 fee simple（最大地产权）权益上创设 life estate（终生权益）、fee simple in remainder（剩余完全地产权）以及多个 life estates in remainder（剩余终生权益）。英美法系的实践中的此类设计如：甲享有土地上 fee simple 权益，其在遗嘱中规定，在死亡后，土地利益由其妻子 A 在有生之年享用（it goes to A for life），当 A 去世后，由其女儿 B 在有生之年享有（then it goes to B for life），在 B 去世后，又其长子 C 及其继承人享有（then it goes to C and his heirs）。在这个设计中，甲是 fee simple estate 的享有者，A 是 life estate 的享有者，B 是 life estate in remainder 的享有者，C 是 fee simple in remainder 的享有者。这种财产转移的安排由于背离了一物一权及物权法定的基本原则，故在大陆法系中难以得到实现。

由此可见，所有权在大陆法系中具有超然性，而英美法系中的各种 estates则相互平等，不存在先天的优劣。有比较法学者曾指出，两大法系财产法一是围绕所有权而建立的，另一个是 estates 法（the law of estates）。[②] 因此，我们在进行比较法研究时，必须考虑到这种理念的不同，避免孤立地将个别概念进行对比。

（三）大陆法系所有权与英美法系近似概念的比较

概念比较的一个前提是同类概念在内涵上存在差异，着眼于这种差异进行比较从而实现研究价值。但就目前的情况来看，根据上述两大法系不同的法律继受历史，英美法系事实上并不存在与大陆法系所有权在功能上类似而内涵不同的概念。这就要求我们必须对所比较的对象加以限定，否则这种比较将是没有任何效率和意义的。鉴于英美法系中不存在与大陆法系所有权相互对应的概念，下文将以原文代替翻译，以避免

---

① 参见赵莘莘：《英美财产法之 Estate 研究——以财产和财产权的分割为视角》，法律出版社 2015 年版，第 38 页。

② See John Henry Merryman, Ownership and Estate, 48 Tulane Law Review, 1973, p. 916.

理解和表述上的障碍。

首先，Ownership 常被直译为所有权，受大陆法系思维训练的人自然认为 ownership 或 own 可以用于表达主体与特定财产之间的关系。但正如前文所述，英美财产法不区分权利与权利之客体，其将任何财产都想象为权利，而 own 或 ownership 都是指主体与权利的归属关系。同时，由于对财产的认知以及不同的财产法理念，在大陆法系，一个有体物上只能存在一个所有权，这个所有权又衍生出不同的权能。而在英美法系，一个有体物本身就是一束权利，在这种技术处理下，ownership 或 own 的客体就是一束束的权利，因此在英美法系的语境下，我们可以说债权的所有人、地产权的所有人、知识产权的所有人等。如，一人将其汽车出租给承租人，此时在大陆法系的思维下，一个合理的发问是“谁拥有财产?”（who owns the property）、“该财产的所有权人是谁?”（who has the ownership）、“谁是财产的主人?”（who is the owner）等。但在英美法系思维下，更为恰当的发问应当是“什么的主人”（owner of what），因为组成完整的权利束上可能有多个主人，他们都对权利享有 ownership。[①] 有比较法学者指出，ownership 在英美法系中并无法律上的严格界定，仅作为日常用语而被法律的“门外汉”使用，如果在法律分析中使用该词，其内涵也是随着语境的不同而有不同的侧重，与作为整个物权法基础的大陆法系所有权具有本质上的不同。[②] 如果将大陆法系所有权与英美法系的 ownership 相互等同，则会出现令大陆法学者瞠目结舌的现象。暂且不论信托，就以在大陆法系早有定论的法律关系为例。在上述租赁关系之中，便会产生双重所有权的表象，出租人与承租人均享有所有权。事实上，二者只是对财产之上不同权利束的所有，只有出租人的 ownership 才具有大陆法系所有权的含义，而承租人的 ownership 在大陆法系中被解释为债权。就如前文所述，在英美法系说

① 参见赵萃萃：《英美财产法之 Estate 研究——以财产和财产权的分割为视角》，法律出版社 2015 年版，第 21~22 页。

② 参见赵萃萃：《英美财产法之 Estate 研究——以财产和财产权的分割为视角》，法律出版社 2015 年版，第 2 页。

对债权享有所有权（ownership）是完全可以的。因此，英美法系中所有权的含义是处于不断变化之中的，应当结合具体情形分析所欲比较的所有权的具体含义。

其次，鉴于 estates 在英美财产法中的核心地位，我国有学者将 estate 等同于所有权。单就二者在构建各自法系财产法的重要地位来看，确实可以认为二者处于同一个比较维度上。但如果从概念本身来看，estate 与所有权仍然难以等同。如前所述，estate 从时间和权能的角度将抽象实体进行分割，被分割而成的权益也都是 estates。在时间维度上分割出的 estates，虽然从权利创设的角度来看，fee simple estate 是其他从时间类型分割的权益的源头，但从权利保护的角度，这些 estates 并没有优劣之分，在发生冲突时根据权利的具体内容以情景思维的方式进行相应的利益衡量。在权能维度分割出的 estate 亦是如此。以信托关系为例，起初，受托人享有法定的 estates，由于令状制度的限制，受益人并无 estate 与之对抗，其权益难以得到普通法的保护。随着衡平法的介入，受益人的 estates 也得到了确认，进而使受益人有了正当的权利形式对抗受托人以及除善意第三人外取得信托财产之上法定 estate 之人。[①] 从权利束的角度，我们也当然可以说受托人对其普通法上的 estate 享有 ownership，而受益人享有其衡平法上 estate 的 ownership。无论哪一种表述，只要与所有权相互等同，都会出现双重所有权的表象，而事实上，这些误解只是由于对财产不同的认知以及不同的财产法理念所造成的。

再次，title 一词也常与所有权、产权等同。所谓的 title，在英美财产法中，是与 estate 以及 ownership 略有差别的概念。根据学者 Fox 的观察，人们很难固定 title 的确切含义，其含义随着语境的变化而具有不同的含义，在较为宽松的意义上，其与 ownership 可以相互替代使用。更严格地说，Title 是在两个或两个以上的 estates 发生冲突从而需要进行相关的利益衡量时法律人所使用的术语，即各种类型的 estates 在一个

① 参见赵萃萃：《英美财产法之 Estate 研究——以财产和财产权的分割为视角》，法律出版社 2015 年版，第 120 页。

利益衡量过程中都被视为 title。可见，title 是在权利救济或司法层面发挥作用，而 estate 则是在权利设置层面发挥作用的概念，而他们都无法与大陆法系所有权概念相互等同。

最后，在众多从时间维度对财产的分割中，fee simple 是其中源头性的 estate，也是涵盖最多权能的 estate，故我国有学者认为与大陆法系所有权位于同一坐标的权利实际上是 fee simple absolute in possession。所谓 fee simple，是一种在土地之上的 estate，这种 estate 是英美法中最大的地产权。其中 fee 是指“可继承的不动产权益”。凡具有 fee 性质的 estate 均是一种可以被继承的权益。而 simple 指的是该财产权益可以被任何人所继承，不限于特定的血亲。在特定的封建时期，为了实现封建统治，土地之上的权益只能由权利人的直系血亲继承，当其中出现无子嗣一代时，权益回复到最初权利人手中。这种仅限于特定继承人继承的权益被称为限嗣继承，即 fee tail。正如托马斯·杰斐逊（Thomas Jefferson）所言，fee tail 和长子继承（primogeniture）一样令人厌恶，它使得贵族权力永久地存续。新加入美国的州纷纷拒绝继续沿用限嗣继承的概念，这些“限嗣的地产”（estate tail）均转变为继承者可以自由转让的完全所有权地产，即 fee simple。[①] 相比于上述两个可以继承的权益，还有存在不能继承的权益，其中 life estate（终生权益）是在一个人的有生之年得以享用的权益，在其死后，财产权益回归于原权利人处。比 life estate 存续时间更短暂的典型 estate 为 leasehold，即大陆法系中的租赁。

在这样一个时间分割体系中存在一个权利创设的顺序层次：fee simple>fee tail>life estate>leasehold，在先的 estate 可以创设在后的 estate。如此来看，fee simple 在以下几个方面与大陆法系所有权具有相似性：其一，从权利创设的角度看，fee simple 是基础性的权利，是后续权利的源头，这与所有权与他物权的关系一致。其二，从权利的排他

① 参见［美］劳伦斯·M. 弗里德曼：《遗嘱、信托与继承法的社会史》，沈朝晖译，法律出版社 2017 年版，第 27 页。

性上看，土地之上纵使能并存多种 estates，同时特定类型的 estates 也能够同时存在多个，但 fee simple 只能存在一个。在前例中，甲的遗嘱生效前，甲享有一个完整的 fee simple，在遗嘱生效后，虽然在 A、B 的有生之年可以享用财产权益，但在性质上是 life estates，此时的 fee simple 是以未来权益的形式由 C 享有。因此说，fee simple 作为与所有权相对的概念也符合一物一权在归属权方面的要求。其三，从权利的存续时间来看，权利人有权终生使用该权益，死后可以通过遗嘱方式处置，如未有遗嘱，该土地权益也由其法定继承人继承，只有当无任何继承人时，才收回国有。尽管所有权被统称为永久存续的物权，但此“永久”无非是“不进行人为限制”的另一种表述而已。① 其四，从权利的内容上来看，fee simple 的权利人除了可以将其土地权利自由转让或遗嘱处分外，可以接近完全自由地对土地进行使用。如同 Challis 在其 1885 年的著作中所言，fee simple 赋予权利人在土地上空、地面之上以及土地之下实施一切其所能想象到的行为的合法权利，包括进行无节制浪费的权利。② 这种价值理念也极为符合《拿破仑民法典》盛行于欧洲大陆时所主张的所有权绝对原则：“所有权人之所有权上达天空，下达地心。”③

笔者认为，从与所有权的相似性上来看，fee simple 的确是英美财产法中在法律性质上最接近于大陆法系所有权的权利。在对信托财产归属问题的比较法研究中，可以借鉴英美法系对于 fee simple 的分配。然而，也正如前文分析的，虽然概念在法律性质上具有相似性，但毕竟身处不同的法系，在不同制度理念的作用下，这种借鉴意义也十分有限。如，fee simple 仅限于土地。

---

① 参见吴一鸣：《英美物权法——一个体系的发现》，上海人民出版社 2011 年版，第 69 页。

② E. H. Burn, Cheshire and Burn's Modern Law of Real Property, 16th ed., London: Butterworths, 2000, p. 182.

③ 参见张恒山：《财产所有权的正当性依据》，载《现代法学》2001 年第 6 期。

四、双重所有权理论与一物一权原则的冲突

在明确两大法系所有权的差异后，本部分将澄清长期以来困扰我国信托法的一个理论冲突：一物一权原则与英美法系双重所有权的冲突。在前文我们已经解开了两大法系所有权的不同点，在此背景下解释这种理论冲突便游刃有余。

（一）冲突的产生

根据权利束理论，在一项财产之上，存在若干个具体的权利，权利人犹如拥有一把“木条”（bundle of sticks），在对财产进行利用的过程中，权能的分离就是权利人将其所有的“木条”中一部分转让给他人，于是这些权能（“木条”）在法律上就出现了新的主人。在设立信托前，委托人可以是这种完整权利的享有者，其法律地位堪比大陆法系的所有权人。而随着信托的设立，根据霍诺耐的观察，财产权利中的管理权等由受托人享有，而收益权等则由受益人享有。[①] 在英美法学者看来，当这些权能因设立信托而被分割后，就再也不存在任何一个法律主体对财产本身享有如此完整的权利，类似大陆法系中对财产垄断式的所有权也就不复存在。[②]

包括我国在内的大陆法系国家与地区，信托法的移植并非完全出于自发，而是迫于国际化的需要，具有一定被动继受的因素。[③] 加之由于两大法系财产法上的差异，在这样的移植过程中就极易产生理论冲突。在移植信托法的过程中，大陆法系的学者逐渐意识到英美信托的双重所

---

① See T Honore, Making Law Bind, Oxford: Clarendon Press , 1987, pp. 166~179. 对于每个权利的翻译，参见赵文洪：《私人财产权利体系的发展：西方市场经济和资本主义的起源问题研究》，中国社会科学出版社 2001 年版，第 5~26 页。

② See Daniel Clarry, Fiduciary Ownership and Trusts in a Comparative Perspective, 63 International & Comparative Law Quarterly, 2014, p. 904.

③ See Henry Hansmann & Ugo Mattei, The Functions of Trust Law: A Comparative Legal And Economic Analysis, 73 New York University Law Review, 1998, p. 435.

有权理论在很大程度上触及了大陆法系物权法的禁忌。其中一物一权与双重所有权之间的冲突就是这种观念差异所引发的理论冲突。

一物一权原则是大陆法系物权法的基本原则，我国学理上亦承认其为我国物权法的基本原则。严格的一物一权，即一物之上只能且必须存在一个所有权，不能成立两个或两个以上的所有权。这种认识符合财产权利的私有属性以及财产法的基本精神，所有权最为主要的制度理念就是确立财富的归属关系，使得财产所有关系处于稳定的状态，实现定分止争。相反，若允许一物之上成立两个以上的所有权，则比没有确定该物的所有权更容易引发人们的纷争和矛盾，更无法实现物的有效利用。① 然而，英美法系以双重所有权理论解释信托财产，受托人是普通法上的所有权人，受益人是衡平法上的所有权人。从英美法的角度来看，信托制度的根本特征就是所有权的分割，即将所有权一分为二，名义上是受托人的财产，而实质上是受益人的财产。② 如此一来，便产生了同一财产之上出现两个所有权人的表象，与强调一物之上只能存在一个所有权的一物一权原则不相融合。③

在大陆法系移植信托法的实践中，各国和地区的立法机关都遇到了这一问题。如，日本社会存在信托制度的需求，并一度在 1828 年就有过类似信托的制度尝试，但最终被 1898 年《日本民法典》否定，其中的原因就在于立法机关认定信托中存在的相对所有权与固有的所有权绝对以及由此派生出的一物一权理论存在不可调和的冲突。④ 对此，有学者就曾指出："习惯于用大陆法系的法律理念来思考和理解民法制度的中国法律体系要接受充斥英美法系烙印的信托制度，其首要法律障碍便是信托财产上并存的双重财产权与大陆法系的一物一权原则的法律冲

① 参见刘凯湘：《物权法原则的重新审视》，载《中外法学》2005 年第 4 期。

② 参见方嘉麟：《信托之法理与实务》，中国政法大学出版社 2004 年版，第 2 页。

③ 应当指出，与双重所有权理论产生表面上冲突的仅为严格的一物一权原则，参见窦冬辰：《一物一权视角下信托财产双重权利构建》，载《科学经济社会》2019 年第 1 期。

④ 参见［日］新井诚：《信托法》，刘华译，中国政法大学出版社 2017 年版，第 22 页。

突。”[①] 囿于理论冲突的悬而未决，我国信托法理论界与实务界长期以来未能确定信托财产的法律归属，立法机关对此也持回避的态度。这种回避态度所导致的不仅仅是受托人与受益人之间的选择障碍，同时还将委托人也加入了信托财产归属“候选人”的行列，从而进一步将问题复杂化。

（二）理论本身的冲突

近年来，我国越来越多的学者逐渐意识到套用双重所有权理论来解释大陆法系的信托制度本身就是一个伪命题。原因在于通过直译而来的英美法系理论已经偏离了其制度初衷。根据英美法中的信托理论，对于信托财产，受托人享有普通法所有权（译为 legal ownership 或 legal title），受益人享有衡平法所有权（译为 equitable ownership 或 equitable title）。但正如前文所分析的，无论 ownership 还是 title，抑或是 estate，均不具有与大陆法系所有权相当的含义。因而，笔者将两种理论的冲突称为一种假象，仅为因对法律概念解释选择的不同而产生的误解。这种将两种具有不同内涵概念混为一谈的误解实际上是将英美法系中的所有权概念与大陆法系所有权概念相互等同的结果。而法律本为地方性知识，非无地方界限的原则。[②] 正如我国学者难以认同双重所有权观念一样，普通法中也并无与大陆法系所有权严格对应的概念，所有权及相关的所有权绝对、一物一权等概念的提出也只是民法法系对自身社会生活习惯与经济基础的理论抽象。[③] 事实上，两种理论对财产关系以及信托关系的规范意义体现在不同的侧面。一物一权原则更侧重调整财产的静态归属，而双重所有权强调财产的动态利用。在归属的意义上，英美法系同样承认一物一权原则，如前文提及的 fee simple，一物之上不可能

① 贾林青：《信托财产的法律性质和结构之我见》，载《法学家》2005 年第 5 期。

② 参见［美］吉尔兹：《地方性知识：事实与法律的比较透视》，邓正来译，载梁治平主编：《法律的文化解释》，三联书店 1994 年版，第 130 页。

③ 参见于海涌：《论英美信托财产双重所有权在中国的本土化》，载《现代法学》2010 年第 3 期。

同时出现两个fee simple。此外，在那些被分割而成的各种estates，在未被进一步分割前，其也只能有一个主人。在财产的利用上，作为另一个表述资本主义经济关系的大陆法系而言，与英美法系一样重视社会财产的流动性。只不过因为前述在财产法理念等方面的不同而将双重所有权中的一个所有权描述为债权或他物权。因此，与其说信托财产之上存在双重所有权，毋宁说信托财产之上存在双重权利。[①]

英美信托财产双重所有权构造的形成还有赖于其独特的司法历史，即衡平法院的存在。[②] 普通法作为英美法系的第一个法律渊源，是相对于地方习惯法而产生出的一种由国王实施的特别救济法，之后通过设置巡回法庭的方式，将其所确立的规则产生普遍适用的效力。然而，普通法具有极大的僵硬性，只有当拟提出的诉讼能够符合既已有之的诉讼令状（writ）时，才能被受理，进而得到相应的救济。如此一来，一些不符合既有令状的纠纷将无法得到普通法法院的救济，从而引发了不公现象。例如，土地受让人违背让与人的指示，而径自享有由土地产生的利益，由于当时的普通法并无此种诉讼令状，因而受让人此时只负有道义上的责任，并无法以诉讼方式强制受让人履行义务。[③] 为了缓解矛盾，基于“国王是正义源泉”的观念，那些由于不符合既有令状规定而无法得到解决的案件全部交由国王处理，社会效果令人满意。后来由于案件数量激增，国王将其司法权委托给枢密官，由这些大法官处理这些案件。大法官获得国王针对这些事务的特别授权，因而有权签发令状，进而采取不同于传统普通法的处理方式，以获得最为正义的结果。这就是作为英美法系第二渊源的衡平法。[④] 衡平法院依完全不同于普通法法院

---

① 参见窦冬辰：《一物一权视角下信托财产双重权利构建》，载《科学经济社会》2019年第1期。

② 参见［美］劳伦斯·M. 弗里德曼：《遗嘱、信托与继承法的社会史》，沈朝晖译，法律出版社2017年版，第137页。

③ 参见王志诚：《信托法》，我国台湾地区五南图书出版股份有限公司2017年版，第3页。

④ 参见冉昊：《“相对”的所有权——双重所有的英美法系视角与大陆法系绝对所有权的解构》，载《环球法律评论》2004年冬季号。

的规则进行裁判，至少在理论上，它比普通法更为公正、公平。[①] 同为前例，衡平法院将基于良心、公平、正义的原则，强制受让土地者履行其义务，以保护受益人与委托人的利益。信托财产中所谓的双重所有权便发端于此并驾齐驱的两套司法系统。虽然，普通法法院与衡平法院的二元司法体系已经不复存在，[②] 但二者作为两个独立的法律渊源依然被现代法学所继承并不断发展。[③] 对信托财产归属问题的解释即为一显例。衡平法上的所有权仅为一种受益人获得救济的手段，用以弥补普通法的救济不足，而该救济的前提就是受托人的背信弃义。所谓的衡平法上的所有权也不过是法律的拟制，而不是当事人意思自治的结果。[④] 因此，脱离了普通法不承认信托受益权的司法背景而将双重所有权理论直接套用，是不妥当的。

就信托财产之上两个所有权相比较而言，受托人在信托关系中的权利是最为接近大陆法系意义上的所有权的。如前所述，英美财产法中并无所有权绝对的观念，而是以权利束理论作为定义财产及解释财产利用的基础，并以 estate、title、ownership 等概念构建起了其财产法体系。在较早期的传统普通法信托中，受托人仅负担在信托终止时转移财产的义务，因此，当事人之间通常而言不对受托人的权利进行约定，受托人仅仅是消极地持有财产而不进行积极的交易。在近代英美信托中，由于正值金融风险高发、金融危机不断且市场监督机制不健全的资本主义初期，信托受托人的处分权限受到严格的立法限制，且这些限制在当时属于强制性规范，不得由当事人之间的意思表示排除。受托人的地位也近

---

① 参见［美］劳伦斯·M. 弗里德曼：《遗嘱、信托与继承法的社会史》，沈朝晖译，法律出版社 2017 年版，第 137 页。

② 1873~1875 年，英国通过了以彻底改革司法制度为主要目的的《英国司法制度法》。据此，取消了普通法与衡平法的理论分野，而代之以统一的司法制度。在所有的法原里，普通法与衡平法具有同等的效力，两者冲突时，以衡平法优先。参见《牛津法律大辞典》，光明日报出版社 1998 年版，第 484 页。在美国，大多数州也已经取消了衡平法院（court of chancery），但亦有少数州对该机构予以保留。如：新泽西州、特拉华州、阿肯色州、密西西比州、田纳西州以及佛蒙特州。参见 See George T. Bogert，Trusts，6th Ed，West Academic Press，p. 4.

③ 参见周小明：《信托制度：法理与实务》，中国法制出版社 2012 年版，第 64 页。

④ 参见徐化耿：《信托“双重所有权”问题之证伪》，载《商事法论集》第 26 卷。

乎消极受托人。而面对现代财产形态不断变化的现实情况，信托的功能也随之转型，进而使得在封建限制退去之后信托制度仍然被广泛使用。在现代信托中，信托财产多以股票、债券、基金份额、保险金、企业年金、银行存款等金融资产的形式存在。① 正如庞德警句中所言，“在商业时代，财富大多由承诺构成”。② 这些财产的持有往往需要受托人的积极管理，这使得早期法律对受托人权利的限制变得不合时宜，故现代信托法赋予了受托人广泛的管理权。受托人的定位也从消极的财产持有者变为了积极的财产管理者。③ 正如美国信托业所表现出来的那样，现今绝大多数信托财产由诸如信托公司、商业银行等大型金融机构持有。④ 从上述的受托人权利之消极性到现代受托人权利之积极性的流变过程来看，受托人对信托财产所享有的权利已经无限接近于大陆法系所有权人对其财产所享有的权利。正如《美国信托法第三次重述》中阐释的观点，为了信托目的的实现，受托人被预设为信托财产之上广泛权利的享有者，至于其是否实际行使这些为数众多的权利，则由其自身根据信义义务的要求进行决定。⑤ 即便在信托文件对受托人特定权利予以限制的情况下，该特定权利也并非由受益人享有，而是处于权利主体缺位的状态，或者说是部分权能被限制的状态。只有当信托终止后，信托财产由特定的受益人或信托法规定的人取得后，该权能才重新得以恢复。

而从英美法系的历史上看，由受益人享有的所有权从来都不是真实的、对物的权利，而是一种对人的权利，其不过是一项救济性的权利而

---

① See John H. Langbein, The Twentieth-Century Revolution in Family Wealth Transmission, 86 Michigan Law Review, 1988, p. 723.

② See Roscoe Pound, An Introduction to the Philosophy of Law, New Haven: Yale University Press, 1954, p. 133.

③ 参见陈雪萍、豆景俊：《信托关系中受托人权利与衡平机制研究》，法律出版社 2008 年版，第 29 页。

④ See Gregory S. Alexander, A Cognitive Theory of Fiduciary Relationships, 85 Cornell Law Review, 2000, p. 775.

⑤ See Restatement (Third) of Trusts 70 cmt. a (2007).

已。通过对受益权人权利对抗力的历史演变过程考察可知，受益人的权利最初就是作为一种对人权登上了英美法系的历史舞台。对于信托受益权，衡平法院最初保障受托人履行信义义务的方式是判处受托人的监禁（imprisonment），而非允许受益人针对信托财产主张权利，因而，此时的受益权属于对人权（in personam），而非对物权（in rem）。[①] 但随后意识到这种对人权不足以充分保障受益人的利益，因此衡平法院不断拓展受益人权利的对抗力，逐渐允许受益人可以在特定条件下追及信托财产，最终使其成了一个兼具物权性质的权利。不过，其物权性并不彻底，它不具备作为物权所应当具备的普遍可诉性以及对世性。事实上，衡平法在历史上并未改变英国财产法体系或带来一套新的关于财产权取得和保有的规则；受益权也不是通过对所有权要素的保留和分离而被创设的，其只是一个附着于所有权之上的对人的负担。[②] 随着社会的发展，社会财产的形态已经发生变化，这种对物权更是饱受诟病，普遍认为已经没有必要再作为一项对物权而存在了。在美国，绝大多数的州在立法和司法上已经明确禁止受益人通过行使撤销权而对抗第三人。而历来保守的英国，同样早在 1925 年就消除了受益人权利的对外效力。[③]

从信托法的实践来看，如前所述，现代信托法并不鼓励撤销权的行使，解释者越来越倾向于认定交易的有效性，而由受托人对受益人的损失进行直接赔偿。如《美国统一信托法典》第 1012 条就规定，第三人如对受托人违反信托目的行为不知情，则其与受托人的交易受到法律保护，并进一步指出，该第三人没有义务对受托人的处分权限进行任何审查。这也就意味着在交易过程中，第三人可以认为受托人拥有对信托财

① See Carly Howard, “Trust Funds in Common Law and Civil Law Systems: A Comparative Analysis”, 13 University of Miami International and Comparative Law Review, 2006, p. 350. 在此应当特别指出，由于在财产以及权利理念上的差异，英美法系中的对物权与对人权的区分并不完全等同于大陆法系中的物权与债权，它们不是从客体角度讲的对人或对物，而是从裁判救济上进行的区分。参见赵萃萃：《英美财产法之 Estates 研究——以财产和财产权的分割为视角》，法律出版社 2015 年版，第 14 页。

② 参见吴至诚：《英国法传统中信托受益权的性质》，载《北方法学》2015 年第 5 期。

③ 参见吴一鸣：《英美物权法——一个体系的发现》，上海人民出版社 2011 年版，第 95 页。

产绝对的处分权，也就是说，法律在很大程度上免除了第三人的注意义务，如此规定的目的就是对受益人的撤销权进行最大程度的限制，从而使第三人能够安心地与受托人从事交易活动，相反，如果动辄因撤销权的行使而否定法律行为的效力，长此以往，人们在同等条件下将不再愿意与信托人进行交易，如此一来反而损害了受益人的利益。

目前为止，笔者难以检索到我国司法机关围绕《信托法》第二十二条进行适用的典型案例，仅发现在一起上诉判决中提及了当事人在先前进行的诉讼行为，其中涉及受益人撤销权的行使。在该案中，委托人将股权登记在受托人名下，并签订了信托合同，由受托人为了委托人的利益持有该财产，后受托人违反信托文件的规定将作为信托财产的股权处分给他人，法院依据《信托法》第二十二条，对受托人与第三人签订的合同予以撤销，在上诉案中，援引了该判决，进而判令第三人将股权恢复登记至受托人名下。① 其中的判决理由难以获得，但就结果来看，该法院的判决存在两点值得商榷之处：第一，未关注受让人的主观状态，进而考虑以善意取得制度平衡当事人之间的利益关系。本案中，虽然受让人对于受托人系代持股人而非完整权的享有者，但是该事实不能直接等同于受让人对于信托文件的内容属于“明知”的范畴，受让人是否负担主动查明信托文件的义务，判决中并未提及。更为重要的是，作为交易的标的，委托人的信托财产仅占全部股本的 0.065%，要求交易第三人对如此众多的仅在当事人之间签订的信托文件逐一审查显然不符合现实情况。第二，法院所撤销的是受托人与第三人之间的负担行为，进而在二审中判令将股权恢复至受托人名下，但是根据《信托法》第二十二条的规定，信托中撤销权的对象乃处分行为。更何况从我国《民法典》合同编的规定来看，即便是与无权处分人签订的合同亦属有效。那么在更具备权利外观的信托中，直接撤销合同，对于第三人而言极为不公。在能够检索到的法院所审理的其他涉及行使撤销权的

---

① 参见四川省成都市中级人民法院（2013）成民终字第 3622 号民事判决书。

案件中，法院鲜有支持受益人行使撤销权的案例。

（三）封建与现代文明之间的冲突

如前所述，大陆法系各国资产阶级革命的彻底性以及对罗马法的继受，在物权法上的一个表现就是以一物一权原则取代了发端于日耳曼法的双重所有权。[①] 一个伴随着人身依附关系与等级制度的所有权制度被彻底推翻，取而代之的是在当时看来更为进步的资本主义一物一权制度。在这些大陆法系国家看来，承认了双重所有权制度，就无疑意味着封建势力的复辟。概因即便现代的 estates 制度，也是由封建的土地 tenure 制度发展而来，而随着 tenure 制度被废除，在这个制度中运用的法律思维技术也随之废止。这样的矛盾成了大陆法系国家和地区移植信托制度的最大障碍。

应当承认，双重所有权中的确有中世纪封建的人格附庸因素。如前所述，由于当时法国资产阶级相对薄弱，凭借自身力量无法取得革命胜利，因而决定了其必须联合广大的农民阶级。故作为对价，在革命成功后，废除了所有与封建相关的制度，农民由此不再负担任何封建义务，并先后通过一系列法令，将领主占有的土地分配给农民，使农民成为小土地占有者。以至在资产阶级革命成功后，法国的小农经济被长期保留了下来，即在城市进行工业生产的同时，在农村地区依然是小农经济模式的汪洋大海。[②] 在这种背景下，长期受到封建势力剥削的农民阶级当然不允许在既有的制度中保留任何封建因素，在所有权制度上，则体现为对日耳曼法双重所有权的彻底肃清。而英国的资产阶级革命则是另外一番场景，可以说，英国的封建制度从来没有得到充分的发展。[③] 在英国革命爆发前，国内的封建统治阶级早已发生了分化，其中部分贵族已

---

① 参见尹田：《物权法理论评析与思考》，中国人民大学出版社 2004 年版，第 98~99 页。

② 参见林晓星：《论英法资产阶级革命中土地问题处理的不同方式——兼论这两次革命的保守性与彻底性》，载《云南学术探索》1997 年第 5 期。

③ 参见姜瑞兰：《试论英法资产阶级革命的保守性和彻底性》，载《辽宁大学学报》1988 年第 4 期。

经开始具有资产阶级的属性，他们在通过圈地运动所占有的土地之上以资本主义的方式从事生产经营。这种生产方式的转变（资本主义渗入农业）以及扩张早已蛀空了封建制度的根基。这些身处封建制度束缚中的新贵族为了自身发展而进行的资产阶级革命不过是压倒已经濒临崩塌的封建制度的最后一根稻草。取得革命成功后，这也决定了英国废除了封建骑士领地制，取消了贵族地主对国王所担负的义务，土地以拍卖的形式都落入资产阶级和新贵族手中，形成了资本主义大土地占有制。[①] 而由于农民阶级并没有对此次资产阶级革命的成功作出贡献，因而最为农民阶级所憎恶的封建制度并没有完全被废除。如在政体上实行君主立宪，而在法律上日耳曼法则得以延续。有学者认为，“任何一种‘双重所有权’的理论，无论其采用何种解释，其实质均在于对所有权的肢解。这种肢解，改变了所有权作为一种最为完全、最为彻底的支配权的基本性质，否认了所有权的绝对性或者排他性，弱化了所有权制度规范财产归属关系之‘定分止争’的基本功能，破坏了物权制度最为基本的观念”。[②] 这里的问题是，日耳曼法的延续是否就意味着封建势力仍然能够染指私人领域呢？或者说，经历了资产阶级革命后的日耳曼法是否承认同一物之上可以存在两个以上的绝对意义上的支配权呢？

笔者对此持否定观点。对罗马法的继受或日耳曼法的延续，只是由于参与革命的阶级成分不同而导致的表面现象。从结果来看，无论是日耳曼法的延续抑或是罗马法的继受，都能够将所有权制度从封建枷锁中解放出来，满足资本主义发展的需要。法律，特别是物权制度，是一国经济发展的重要保障。[③] 从资产阶级革命后英国与法国的资本主义以及经济的发展程度来看，英国甚至明显超过了法国。据此，也可以侧面印证英美法系中的双重所有权的延续不仅没有弱化所有权制度定分止争的

---

① 参见林晓星：《论英法资产阶级革命中土地问题处理的不同方式——兼论这两次革命的保守性与彻底性》，载《云南学术探索》1997 年第 5 期。

② 参见尹田：《论一物一权原则及其与“双重所有权”理论的冲突》，载法苑精萃编辑委员会编：《中国民法学精萃》（2003 年卷），机械工业出版社 2004 年版，第 252 页。

③ 参见王利明：《物权法是社会主义市场经济的基本法律》，载《求是》2007 年第 10 期。

制度功能，反而可以让归属关系在繁杂的财产利用过程中趋于明朗。[①]具体而言，随着法律对罗马法上所有权观念的认可，这种绝对化的权利也就转化为了人们创造财富的源动力，推动着人们尽最大可能实现自身利益。而剔除了封建所有权因素的日耳曼法虽得以延续，但从法律实际内容来看，不过是使用封建的语言表达了一个资本主义的经济关系。[②]一物一权原则所具有的诸多对市场经济的积极意义也当然得到英国法律的采纳。正如前文所述，由于对所有权理念的不同，英美法系采取了一套完全不同于大陆法系的法律调整手段以明确产权归属进而实现定分止争的效果。从诺曼征服到 1290 年《英国反分封法》（the Statute Quia）的实施，土地之上的权利除了国王的所有权以及土地实际占有者外，还存在诸多中间权利人，包括直属封臣以及若干中间领主，以上三种权利人各自享有所有权、实际占有权以及各种领主权（seignory）。在抽象实体思维的作用下，这种保有结构不意味着财产（土地）之上有多个所有权，而是被抽象出的实体本身可以被分割为很多的“物”，每一个“物”上都有一个对应的主人。[③] 然而，这种保有制中包含的人身依附因素逐渐开始消除，集中体现在保有制役务的货币化折算和允许保有人转让土地权益这两个方面。前者使得领主不再对保有人的身份提出任何明确的要求，而后者则将保有人的土地利益从他对领主的身份依附关系下剥离出来。[④] 虽然，随着 1290 年《英国反分封法》的实施，中间层级逐渐消失，土地实际占有人直接与国王分配土地权益，保有制度的封建因素在很大程度上被剔除，一个富含封建色彩或者说作为统治工具的所有权逐渐演变为了自主（allodial）所有权或者说私法上的所有权。

---

① 参见马新彦：《罗马法所有权理论的当代发展》，载《法学研究》2006 年第 1 期。

② 参见姜瑞兰：《试论英法资产阶级革命的保守性和彻底性》，载《辽宁大学学报》1988 年第 4 期。

③ 参见赵萃萃：《英美财产法之 Estate 研究——以财产和财产权的分割为视角》，法律出版社 2015 年版，第 55 页。

④ 参见咸鸿昌：《英国土地法律史——以土地保有权为视角的考察》，北京大学出版社 2009 年版，第 67 页。

但是，保有制度中使用的法律技术并没有随之消亡，相反在 estate 制度中将土地之上权益的分割进行的更为深入。① 作为一个抽象实体的 estate，对它的分割并不破坏罗马法中一物一权所欲实现的社会效果。换言之，英美财产法所分割的对象不是物，而是一个抽象实体，在其之上自然不存在一物一权的理论依托。而对于一个再次受到分割的 estate 而言，它又反过来被想象成物，当论及该具体的 estate 时，它就是实实在在存在于土地之上的物。我国有学者将英美法系的这种思维过程概括为“形而上后的形而下”。如果将这个所谓的“物”套用于大陆法系一物一权理论，我们说它依然是符合该理论的。即，争议只可能发生在不同的 estate 之间，但对于一个特定的 estate，它只有一个权利人。该权利人对其所有的 estate 继续微分的，后位的权利人也只是取得了该 estate 产生的权利束之上的 estate，而非原 estate。

而根据托克维尔的观察，这种法律现象背后蕴涵着复杂的社会心理。相比于英国，法国当时并不是受封建势力压榨的重灾区，相反，它是受封建制度压迫比较轻的国家。正如学者指出的，至法国旧法末期，佃农的使用权已经逐渐变成了一种真正的所有权，而身份上的支配权变成了单纯的君主权及领主权的标志或象征。② 但是，正因为如此，农民对残存的封建因素就愈发无法容忍。作为土地所有者，农民才会对封建制度强加在地产上的多种负担感到痛苦和愤慨；贵族不再拥有统治领地的权力，贵族的特权乃至他们本身的存在也就愈加可疑。换言之，不是贵族个人变得穷凶极恶，而是封建制度的瓦解引起社会心理的变化：“封建制度已不再是一种政治制度，但它仍旧是所有民事制度中最庞大的一种。范围缩小了，它激起的仇恨反倒更大；人们说得有道理：摧毁一部分中世纪制度，就使剩下的那些令人厌恶百倍。”③ 退一步讲，即便认为身处欧洲大陆的人们对于封建因素极端敏感，进而排斥任何带有

① 参见赵莘莘：《英美财产法之 Estate 研究——以财产和财产权的分割为视角》，法律出版社 2015 年版，第 58 页。

② 参见尹田：《法国物权法》（第二版），法律出版社 2009 年版，第 122 页。

③ 参见［法］托克维尔：《旧制度与大革命》，冯棠译，商务印书馆 1992 年版，第 72 页。

其残余的制度。但就我国而言，在我国数千年的封建文明中，也并不存在类似 tenure 的法律制度。在提及所谓的双重所有权时，更加不会引发人们对封建制度的联想甚至厌恶。因此，上述在诸多大陆法系国家发生的因法律移植而引发的制度冲突问题在我国并不存在，所以在移植过程中根本不必固守一个并无社会基础的概念。

五、理论冲突的解决

作为法律的继受国，大陆法系应当在理解这一理论冲突本质的基础上有效地加以协调，而解决这一问题的首要任务就是确定信托财产权的法律归属。① 综前所述，在我国法中，信托财产的所有权应当归属于受托人，受益人在信托关系中的权利并非所有权，受益权在性质上更接近于债权。退一步讲，如果理论上对信托受益权中存在的外部效力以及对信托财产的限制力难以在物债二分的理论体系下进行解释，那么至少可以说，将定分止争意义上的所有权归属于受托人，并不与任何物权法原则相背。受托人可以自由地对信托财产进行管理、处分，其对信托财产的权利本身就是一种完整的权利。至于受托人在信托关系中的义务则是债法或特别法意义上的，从而并不违法一物一权原则以及物权法定原则。在具体操作层面上，信托财产为有体物的，应当确认信托财产所有权归属于受托人，以符合一物一权的基本要求。信托财产为无形财产时，虽然本身不受一物一权的限制，但在现今社会中，权利物化已然成为一种趋势，因此也需要从归属权、完整权、支配权等所有权视角来确认财产的所有人，以符合信托登记与交易的需要。这样一来，便能够解释信托实践中普遍存在的股权信托、信贷资产信托、知识产权信托、应收账款信托、二次信托等类型信托财产的法律归属问题。在确认信托财产所有人后，应当在大陆法系的体系下对信托关系中其他权利人所享有

① 参见郑瑞琨：《信托法与物权法定原则的冲突及其解决》，载《中国政法大学学报》2007年第4期。

的权利进行界定，从而最大限度实现法制的融合。如前所述，从制度功能实现的角度来看，只有信托财产归属于受托人，财产的独立性才能完全得以实现。同时，在信托行为的视角下，委托人将财产的所有权进行移转是履行信托合同义务的行为，受托人在信义义务的约束下应当促成该权利的移转。由此来看，确认受托人享有信托财产的所有权是解决这一理论冲突的妥当之举。

六、小结：信托财产归属于受托人并非对双重所有权理论的继受

通过对英美财产法的考察，以及通过英美法系与大陆法系所有权概念的比较后可知，英美法系不存在与大陆法系绝对所有权相对应的所有权概念，取而代之的是各种相对化的权利。以往认为与大陆法系所有权具有相当含义的英美法概念，如 ownership、title、estate，事实上均不具有所有权的相同内涵。而在双重所有权理论下，受托人与受益人所享有的，实际上就是上述的 ownership、title 以及 estate，因此不能认为信托财产的双重所有权与大陆法系绝对所有权下的一物一权原则相冲突。故笔者将此冲突称为一种假象，仅为因对法律概念解释选择的不同而产生的一种误解。事实上，两种理论对财产关系、信托关系的规范意义体现在不同侧面，一物一权强调对财产静态归属的调整，而双重所有权理论侧重于对财产的动态利用。因此，与其说信托财产之上存在双重所有权，毋宁说信托财产之上存在双重权利。在这样的认识下，结合前文中指出的受托人享有信托财产所有权，以及英美法中受托人在信托关系中享有最为广泛权利的事实，我们可以认为，受益人、委托人所享有的权利或利益并不是所有权意义上的。至于对二者合法权益的保护，将在下一章进行论述。而作为对此“冲突”的解决方法，我们只需在现行法的框架下，确定受托人是财产的所有权人即可。

第五章　委托人丧失所有权后合法权益的保护

在上一个章节中，笔者通过分析指出，英美法系双重所有权与大陆法系一物一权原则并不存在实质的冲突，从而消除立法机关在制定《信托法》第二条时的疑虑。对于立法者的另一个担忧，即前文中所指出的，有立法者担心财产的所有权一旦发生移转，则将导致委托人的合法权益无法得到妥当保护，因此不仅未明确受托人享有信托财产的所有权，同时还在《信托法》中规定了委托人享有诸多权利。而在经典信托法中，信托一经成立，委托人即退出信托关系，除非其在信托文件中明确保留了某些权利。本章将通过分析指出，委托人放弃实质性权利的法律意义，以及由受托人享有信托财产所有权完全可以实现对委托人合法权益的保护，以期消除立法者的另一个担忧。

一、委托人退出信托关系的法律意义

（一）信托财产独立性的实现

根据信托法基本原理，信托成立，委托人随即退出信托关系，不再享有信托中的权利和义务，除非在信托文件中作出相反规定。① 委托人

① 参见张淳：《信托法原论》，南京大学出版社 1994 年版，第 172 页。

之于信托的意义在于其向受托人转移财产并设立信托，同时就信托财产施加信义义务，在设立信托的意思表示以及财产所有权移转后，委托人就与财产的前所有权人一样。① 因而，在英美法系国家和绝大多数的大陆法系国家、地区的信托法中，均未配置过多关于委托人权利的条款。就委托人权利的性质而言，多为防御性的权利，即为了监督信托目的的实现而享有的消极性权利。委托人不享有从信托财产中获得收益等积极权利，其原因就是为了实现信托财产的独立性。如前所述，信托财产独立于委托人未设立信托的财产的法理基础是财产所有权的移转。而根据控制和所有权一致的判断原则，如果委托人在存续的信托中仍然保留着过多积极性的权利，则将认定其仍然享有着决定财产命运的所有权，从而否定财产的独立性。②

这种意义上的独立性在信托实践中发挥着至关重要的作用，委托人对财产的控制将造成财产转移的不彻底，进而无法发挥信托核心的制度功能。以资产证券化为例。资产证券化的交易逻辑在于将融资人信用转化为特定资产的信用，因此，一项资产证券化首先需要完成的是将特定资产完全转移到 SPV（特殊目的机构）中，以确保该资产不会受到发起人债权人的追及。那么，为了实现上述目的，当事人之间必须存在法律上所有权的移转，同时作出符合会计准则的处理，才能被认定为真实出售（True Sale）。在法律上，这种法律行为体现为物权行为或准物权行为，即应当完成基础资产的（准）物权变动。如不动产须进行不动产所有权变更登记；以财产性权利作为基础资产的，应在相关行政管理部门进行权利变更登记等。在会计上，这种转移体现为将基础资产从发起人的资产负债表中清除。这种清除出表的行为必须达到所在地区会计准则中的要求，如在美国，主要依照的是美国财务会计标准委员会（the Financial Accounting Standards Board，FASB）发布并更新的会计准则。如未符合上述法律、会计中的任何一项标准，都有可能因不满足真

① 参见谢哲胜：《信托法》，我国台湾地区元照出版公司 2017 年版，第 143 页。

② 参见赵廉慧：《信托法解释论》，中国法制出版社 2015 年版，第 257~258 页。

实出售的要求，而在破产程序中被法院以欺诈性转移资产（fraudulent conveyance）等理由认定无效。[①] 不同法域在会计上的处理可能存在差异，但就法律行为而言，抛开不同的物权变动模式，在完成（准）物权变动这一点上，是放之四海而皆准的。在具体判断规则上，采重实质轻形式的法域，法院主要从受让人对委托人是否享有追索权、委托人是否对基础资产享有赎回权与剩余价值的索取权、委托人是否实际掌控账户收入的控制权以及基础资产的定价机制等方面进行综合判断。[②] 而在制定法中，上述真实出售的完成，就体现为委托人将其合法所有的财产权转移给受托人。

容易造成混淆的是，在英美法系的实践中也存在大量的由委托人享有撤销权的信托。在英美法的可撤销信托中，委托人撤销权行使并不具有溯及既往的效力，仅导致信托关系的终止。但无论我国学术界还是实务界均将这类信托冠以可撤销信托之名，故笔者继续沿用此称谓。这类可撤销信托是在特定法制背景下出现的，脱离具体的情景，这种借鉴和移植是毫无价值的，甚至将破坏信托的制度功能。在英美法系，依委托人是否保有撤销权，将信托分为两类，即可撤销型信托（revocable trust）与不可撤销型信托（irrevocable trust）。其中的可撤销信托，是指委托人在其生前设立信托，并根据信托法或信托文件的约定享有撤销权，因而也被称为生前可撤销信托（intervivo trust）。换言之，委托人可以通过特定的方式解除信托关系，或者随时将信托中的财产取回。根据传统普通法，只要信托文件中没有约定委托人享有撤销权，则该信托就是不可撤销的，一旦设立信托，委托人即丧失权利，从而彻底退出信托关系。现代信托法逐渐改变了传统普通法的推定规则，即只要在信托文件中未明确指出该信托是不可撤销的，那么，委托人就可以根据特定的方法修改、撤销信托。[③] 可撤销型信托普及的背景在于英美法系中存

---

① 参见彭冰：《资产证券化的法律解释》，北京大学出版社 2001 年版，第 23 页。

② 参见彭冰：《资产证券化的法律解释》，北京大学出版社 2001 年版，第 91~98 页。

③ See Uniform Trust Code § 602. Revocation or Amendment of Revocable Trust.

在的遗产认证（Probate）程序。凡属依遗嘱和法定继承规则而发生权利变动的财产都需要经过遗产认证法院（Probate Court）[①] 以完成财产权的移转以及清偿对外的负债。这一过程虽然能够确保遗产的分配在法院的监督下完成，进而保护继承人的利益。但这一认证过程将会使得有关遗产分配的信息被公开，同时也将耗费大量的时间和费用。尤其是在美国，这套遗产检验程序比他的实际需要来得更加烦琐和昂贵，相比于英国，都更为费工和官僚化。[②] 依 Dacey 所说，该程序是腐败的体制，它就像"法律执业者对全体国民征收的私人税收"。[③] 因此，出于规避遗嘱认证的目的，委托人选择在其生前通过设立信托的方式，完成对特定财产的处分。同时，为了实现对财产的进一步控制，在信托中保留了撤销、变更等权利，即可以随时根据需要，修改信托条款，甚至撤销信托。在这种意义上，可撤销型信托也被认为是一种遗嘱替代物（Will Substitute）。而恰恰由于委托人在信托中保留了这种能够决定财产命运的权利，其也被认为是财产真正的主人，从而不会享受税法上针对信托的各种优惠政策。更为关键的是，这种可撤销信托的财产在绝大多数情况下就如同上述因委托人保留过多权利而未完成真实出售的基础资产一样，无法产生财产的独立性。在 Leach v. Anderson（535 P. 2d 1241）案中，美国法院确立了在此类委托人保留撤销权的信托中应当优先保护债权人的司法政策。法院在其判决中指出，保留撤销权的委托人不能一方面享受信托的破产隔离功能，另一方面享受所有权带给他的一切便利。[④] 这种财产独立性的丧失，不仅适用于破产案件，还适用于遗产继承之中。在 1937 年美国纽约州的一个经典案例中，被继承人 Ferdinand Straus 与其第二任妻子的婚姻并不成功，于是希望通过设立信托的方式

---

① 在一些州，遗产认证法院可能使用不同的称谓。如，在纽约州和新泽西州，负责检验遗产的法院叫作 Surrogate's court；在马里兰和宾夕法尼亚州，该法院又被称为 Orphan's court.

② See William Fratcher, Probate Can Be Quick and Cheap: Trusts and Estates in England, 54 Cornell Law Review, 1969, p. 326.

③ See Norman F. Dacey, How to Avoid Probate, New York: Crown Publishers, 1965, p. 1.

④ See Leach v. Anderson, 535 P. 2d 1241, 1213 (1975).

使得他的妻子无法获得遗产。Straus 作为委托人将其绝大多数财产转移给了受托人，并在信托文件中约定，在他有任何需要时可以变更信托，同时将其妻子排除在受益人之外。而法院则认为，委托人向受托人转移财产的行为是虚幻的（illusory），仅仅是委托人对财产享有所有权的伪装，因而其妻子有权对信托财产主张法定的遗产份额。① 在涉及债权人的遗产继承中，也遵循这一判断规则。在 State Street Bank and Trust Co. v. Reiser（389 N. E. 2d 768）案中，法院支持了原告的诉讼请求，确认了对此的一般规则：委托人的债权人可以在委托人遗产不足以清偿债务的情况下以可撤销信托中的财产实现其债权。在美国绝大多数州的成文法中，都明确规定了委托人的债权人得以委托人保留撤销权信托中的财产实现其债权。② 此外，在税法上，如果委托人在信托文件中保留了某种可以改变心意的权利，包括撤销权或变更、修改信托的权利，那么，在联邦政府看来，委托人并没有完成一个有效的赠与，因为该委托人事实上并没有放弃什么权利，因此，放入该生前信托的财产仍然要缴纳遗产税。③

除可撤销信托外，在自益信托中，委托人也将因保留过多权利而面临财产独立性无法实现的法律风险。在这些自益信托中，委托人的债权人可以通过强制执行信托财产而实现其债权。正如日本学者新井诚所指出的，如果承认自益信托中信托财产与委托人存在破产隔离，那么将造成委托人滥用信托以隐匿财产的问题。④ 不过，在英美法系的信托实践中还存在多种类型的旨在实现避债功能的信托，在这些类型的信托中，受益人的债权人原则上无法以信托受益权实现其债权。现代社会运用最为广泛的是禁止挥霍信托。该信托的委托人通过在信托文件中设置限制

---

① Newman v. Dore, 275 N. Y. 371, 9 N. E. 2d 966（1937）.

② See Clifton B. Kruse, “Revocable Trust: Creditors’ Rights After Settlor-Debtor's Death”, 7 Probate & Property, 1993, p. 42.

③ 参见［美］劳伦斯·M. 弗里德曼：《遗嘱、信托与继承法的社会史》，沈朝晖译，法律出版社 2017 年版，第 142 页。

④ 参见［日］新井诚：《信托法》（第 4 版），刘华译，中国政法大学出版社 2017 年版，第 284 页。

受益权转移条款的方式来实现对信托财产及受益人的保护。由于该信托受益权的处分权能被限制，因此自然无法被自由转让或被强制执行。目前，禁止挥霍信托本身的合法性已被美国多数州认可，争议的焦点集中于是否应当或在多大范围内对特定债权人取得受益权设置例外情形，如配偶、子女以及侵权行为的受害者。随着挥霍者信托的合法化，在实践中出现了委托人为自己的利益而设置的挥霍者信托。这种旨在逃避债务而设立的信托也被称为自定财产保护信托（Self-Settled Asset Protection Trust）。传统信托法虽然承认信托效力，但无法对抗委托人的债权人。其中的法理为，赠与人对赠与财产进行限制的理论基础在于处分自由（传统信托在本质上可以被理解为赠与），但在这类信托中，委托人和受益人一致，他们之间的赠与基础已经不复存在，由此产生的处分自由利益也就不能得到保护。[①]《美国统一信托法典》第505（a）（2）中也明确指出，即便为不可撤销信托，委托人的债权人或买受人仍然可以获得委托人能够从信托中所获得的最大利益。[②] 在Phillips v. Moore案中，法院也阐述了其中的利益衡量，即这种避债型信托所欲实现的目的就是一方面使信托财产发挥其独立性，而另一方面仍然可以控制着信托财产并从信托财产中获得收益。这种行为的实质无非就是委托人将自己的责任财产从一个口袋转移到另外的口袋，进而隔离其债权人。[③] 由此可见，委托人在信托中享有过多实质性权利，将导致信托独立性的丧失。

此外，如前所述，在我国信托业中，长期存在着由信托公司担任受托人的消极信托。在此类信托中，受托人仅负责持有财产，并不参与财产的管理和处分，其参与法律关系的全部意义就在于利用其“牌照”优势，实现资金的高效利用。司法实践中，就有观点认为这类消极信托

---

① See Jesse Dukeminier & Robert H. Sitkoff, Wills Trusts and Estates, New York: Aspen Publishers, 2013, p. 704.

② See Uniform Trust Code § 505. Creditor's Claim Against Settlor.

③ See Phillips v. Moore, 690 S. E. 2d 620, 622 (2010).

关系由于不符合信托法的基本定义，因而不受信托法所调整。[①] 笔者赞同该观点。因为，在此法律关系中，委托人事实上仍然掌握财产的命运，因而从控制权与所有权一致的角度而言，委托人并没有放弃财产的权利。在《民商事审判会议纪要》关于营业信托纠纷的规定中，最高人民法院也对这一问题作出了解释。会议指出，营业信托纠纷主要体现为事务管理信托以及主动管理信托纠纷：对于主动管理信托，受托人应当负担相应的信义义务；而对于前者而言，其往往存在多层嵌套、回购承诺以及通道业务等内容，因而在进行法律适用时，应当从当事人之间实际形成的法律关系入手，确定当事人的权利义务。由此可见，被动信托是否能够产生信托法上的法律效果，并不取决于合同的名称或是否有信托公司的参与，而应从内部的权利义务关系角度上进行考察。而根据笔者的观点，考察的重点就在于委托人对于财产所有权的丧失以及受托人对于财产所有权的取得。

综上所述，从控制和所有权一致的角度来看，如果要确保信托财产独立性效果的完全实现，委托人不应享有撤销或变更信托等实质权利。如果委托人被认定仍然实际控制着财产，那么由于没有发生所有权的移转，同时在信托法中没有关于其信义义务的具体规则，因此信托财产的独立性无从实现。在委托人发生资不抵债时，信托财产将作为其责任财产，被外部第三人强制执行，信托的目的将无法实现。我国《信托法》第十七条虽然规定了对信托财产禁止强制执行的规定，其中包含了委托人的债权人不得以信托财产实现其债权。但是，正如前文所述，根据一般民法法理，民事主体以其个人全部财产对外承担法律责任，信托法之所以能够改变这个一般法理，就在于其中对受托人设置了信义义务规则，通过履行信义义务，使信托财产独立于受托人的固有财产。更为重要的是，这种独立性的实现是建立在财产权移转的基础之上的。因此，

---

① 吉林省建苑设计集团有限公司、四川信托有限公司信托纠纷案，四川省高级人民法院（2017）川民终 680 号二审民事判决书。

在我国信托法并不承认宣言信托①的规定下，既能享有财产所有权，又能够使这些财产不作为其个人的责任财产的，只有信托关系中的受托人。在受托人积极履行信义义务的理想模型下，信托财产将独立于委托人以及受托人的债权人。相比于未发生所有权移转的委托关系而言，信托关系的成立显然更有利于实现标的财产的安全。在一个涉及财产的委托关系中，财产所有权未进行移转，因而该财产与受托人的财务风险相互隔离。但是，也正因未发生财产所有权的移转，财产在性质上也就仍然属于委托人的责任财产，当其出现资不抵债时，财产将可能被强制执行。由此可见，在委托关系中，标的财产仍然与当事人个人的财务风险紧密相连。就此而言，财产权转移所产生的独立性效果使财产更为安全，而财产的安全，是委托人利益实现的基础。

（二）委托人“死手控制”利益的实现

英美法系的学者认为，英美法系上的信托以及作为其前身的 Use 制度，其核心目的在于保护并实现当事人（委托人）的意志。② 在英美法系学者看来，这种委托人对其生前财产控制或处分自由利益的实现机制正是信托财产之上的双重所有权构造。③ 即委托人通过信托的方式将财产转移，而非直接赠与受益人，这样的机制确保了信托财产的管理和处分方式都是遵照反映其意志的信托文件。而委托人这种意图的实现，在法律上就体现为特定的法益，即“死手控制”利益。“死手控制”（Dead Hand Control）是英美信托法上的概念，是指在某人去世后的一

---

① 在宣言信托中，委托人成为唯一受托人，故财产移转的过程不具有现实意义。所谓宣言信托（declaration of trust），又称“信托声明”，是指财产所有人单方声明自己成为其特定财产的受托人设立的信托。在英美法学者看来，由于宣言信托不具有第三方管理财产的特点，所以此种信托在现代信托实践中扮演中一个边缘性的角色。参见［美］约翰·H. 兰贝恩：《信托法的合同基础》，何美欢译，载《清华法学》2004 年第 1 期。

② See Simpson, A History of the Common Law of Contract, Oxford: Oxford University Press, 1987, p. 334.

③ See Jesse Dukeminier & Robert H. Sitkoff, Wills Trusts and Estates, New York: Aspen Publishers, 2013, p. 579.

定时期内，仍然能够将其意愿通过某种方式实现，就如同他仍然在世一样，因此也被形容为“从坟墓中伸出的手”。[①] 事实上，现代法治下的任何法律体系中，均或多或少允许死者之手在某一临界点之内控制在世人的行为。遗嘱自由就是对此的印证。[②] 在信托中，民事主体可以通过设立信托的方式，对抗意思能力的丧失或死亡等主观情事发生的变化，由受托人按照委托人成立信托时的信托目的，继续管理、处分信托财产，以实现委托人意志的延续。[③] 因而，在英美信托法进行制度设计和改革时，所要考量的利益不仅限于受托人和受益人，更要关注已经退出了信托关系的委托人的利益实现。这种重要的利益，就是委托人意志（Settlor's intent）的延续。就此而言，相比于传统的代理理论模型，信托法中体现了更为复杂的利益冲突，即应当额外衡量委托人与受益人之间的利益平衡。[④] 大陆法系国家和地区移植信托法的同时，随之使得委托人的这种利益合法化，使之能够得到法律的保护。而在利益的实现机制上，与英美法系信托法相同，均通过受托人在信托中的权利对受益人的利益加以制衡。只不过在法律表达上，英美法系采取了上述的双重所有权构造，而在大陆法系的背景下，由受托人持有财产权显然是实现委托人该利益的不二选择。此外，死手利益还须借助以下的具体规则和制度加以实现：

第一，在信托的变更和终止（modification and termination）规则上，美国信托法长期以来并不欢迎寻求改变信托内容的受益人。[⑤] 在奠定这一规则的 Claflin v. Claflin 案中，法院指出，除非委托人表示同意，否则

① See Jesse Dukeminier & Robert H. Sitkoff, Wills Trusts and Estates, New York: Aspen Publishers, 2013, p. 3.

② 参见［美］劳伦斯·M. 弗里德曼：《遗嘱、信托与继承法的社会史》，沈朝晖译，法律出版社 2017 年版，第 169 页。

③ 参见［日］新井诚：《信托法》，日本有斐阁 2008 年版，第 86 页。

④ See Robert H. Sitkoff, An Agency Costs Theory of Trust Law, 89 Cornell Law Review, 2004, p. 657.

⑤ See Jesse Dukeminier & James E. Krier, The Rise of the Perpetual Trust, 50 UCLA Law Review, 2002, p. 1304.

信托不得终止；在不存在委托人的情况下，除非全体受益人同意并可以证明终止信托不违背信托的主要目的，否则信托不得终止。[①] 近年来，为了缓解 Claflin 规则的僵硬性，在判例法、《美国统一信托法》以及《美国信托法第三次重述》中均对该规则进行了一定程度的缓和，表现为司法机关对于委托人在设立信托时意料之外因素的考量。[②] 但无论是 Claflin 规则本身，还是法律对其的缓和规则，它们的目的都是为了更好地实现委托人的利益。[③] 相比之下，英国信托法表现出了与 Claflin 规则不同的态度，在委托人死手利益与受益人的现实利益的衡量中，英国法更为看重后者。根据 Saunders v. Vautier 案中确立的规则，只要全体有行为能力的受益人可以被识别并同意，受托人的反对无法阻止信托的终止。[④] 就此而言，我国《信托法》第五十三条关于信托终止的规定更接近美国信托法，表现出了对于死手利益的尊重。根据该条的规定，信托当事人协商一致的，方可终止信托，即便全体受益人同意，只要受托人不同意，则信托将继续存续，除非受益人可以证明信托继续存续将违反信托目的。

第二，在受益人解任权的行使上，英美传统信托法的条件较为苛刻。因为，受托人系委托人信任之人，他对于委托人在信托中所欲实现的目的也最为了解，是委托人利益实现的最佳执行者。[⑤] 在具体规则上，受益人解任权的行使需经司法机关同意，而除非受托人存在不诚信，或严重违背信义义务的行为，否则受益人不得以受托人不同意受益人的建议或有轻微过失为由解除受托人的职务。[⑥] 与修改信托的法理相

---

① See Claflin v. Claflin, 20 N. E. 454 (1889).

② See Uniform Trust Code § 412; Restatement (Third) of Trusts § 66 & cmt. a.

③ See John H. Langbein, The Uniform Trust Code: Codification of the Law of Trusts in the United States, 15 Tolly's Trust Law International, 2013, p. 69.

④ See Gregory S. Alexander, The Dead Hand and the Law of Trusts in the Nineteenth Century, 37 Stanford Law Review, 1985, p. 1203.

⑤ See Robert H. Sitkoff, An Agency Costs Theory of Trust Law, 89 Cornell Law Review, 2004, p. 663.

⑥ See Restatement (Second) of Trusts § 107 cmts. b – c; Restatement (Third) of Trusts § 37 cmt. e (1).

同，传统信托法认为，受托人是委托人意志的执行者，并且其为委托人选择的信任之人。但是，随着职业受托人的兴起，委托人与受托人的信任关系发生了微妙的变化，信托法也逐渐放宽了解任权的条件，但这并不意味着放弃保护委托人的死手利益，而是出于减少代理成本以及促进受托人之间的良性竞争的目的。我国《信托法》第二十三条以及第四十九条确立了受益人只有在受托人有不当行为时才可以行使解任权，这样的规则显然与一般的委托、代理不同，从而有效地保护了委托人死手利益的实现。

第三，委托人在设立信托时，可以在信托文件中设置信托监察人（trust protector），将监督信托的权利赋予该监察人。监察人制度可以有效地确保信托目的的实现。该制度的产生背景是离岸信托的广泛应用，在该类信托中，委托人在信托文件中规定由监察人监督当地受托人的行为，以确保信托目的的实现。随后，这种被证明行之有效的经验被应用于一般私人信托中。我国《信托法》仅对公益信托应当设置监察人进行了规定，原因在于公益信托的受益人不确定，对受托人的行为难以监督，因而由监察人行使监督受托人的权利。[①] 对于私益而言，由于已经存在受益人，因此是否额外设置监察人属于意思自治的范畴。对此，我国《信托法》并无禁止。

第四，保障委托人意志得以延续的关键在于由独立于受益人的受托人对信托财产的持有和管理，并且信托的运行无需依赖于特定受托人的存在。在委托关系中，这种委托人的意思无法得到有效“冻结”，委托人亦无“死手控制”利益可言。根据我国《民法典》总则编中的第一百七十三条以及《民法典》合同编中的第九百三十四条的规定，委托人死亡的，法律关系终止。在涉及财产的委托关系中，由于财产的所有权并未发生移转，因此，在委托人死亡时，这些受托财产的性质立即转变为委托人的遗产，由继承人与受遗赠人取得。根据《民法典》合同

① 参见全国人大《信托法》起草工作组：《〈中华人民共和国信托法〉释义》，中国金融出版社 2001 年版，第 154 页。

编中的第九百三十五条的规定，如合同终止将损害委托人利益的，受托人应继续履行职责，此时委托人虽然可以享有利益，但前提是“在委托人的继承人……承受委托事务之前”，一旦财产的所有权被继承，在物权效力优先于债权的作用下，委托人将不再享有任何形式的合法利益。由此来看，如果信托财产不发生移转，独立性就无从实现，进而也将出现信托财产被继承的现象，委托人的“死手利益”也就将难以实现。另一方面，“信托不因缺少受托人而失效”（Trust will not fail for want of trustee）[①] 的信托法基本规则有效地保障了委托人意志的延续。根据这一规则，受托人的死亡或破产均不必然导致信托的终止，信托法设立了一套关于如何填补受托人缺失的法律规则。[②] 这一规则主要体现在我国《信托法》第三十九条以及五十二条。《信托法》第五十二条规定了信托不因受托人的死亡、丧失民事行为能力、依法解散、被依法撤销或者被宣告破产而终止，也不因受托人的辞任而终止。根据第三十九条的规定，受托人发生死亡、破产等情况的，对该受托人而言，职责终止，但“其继承人或者遗产管理人、监护人、清算人应当妥善保管信托财产，协助新受托人接管信托事务”。至于具体的填补规则，依据《信托法》第四十条，首先应当根据信托文件的规定，委托人可以直接规定后位受托人，也可以规定后位受托人的产生方法；当信托文件未对此进行规定的，由委托人选任；委托人不指定或者无能力指定的，由受益人或其监护人选任。此外，《信托法》第十三条还规定了在遗嘱信托中，指定的受托人拒绝接受信托，或无行为能力的，由受益人或其监护人进行再次选任。由此可见，我国《信托法》已经将委托人的“死手控制”利益合法化，并且这种利益的实现同样是建立在财产移转的基础之上的。但是也应当指出，“信托不因缺少受托人而失效”的配套规则并不完善，主要体现为以下两点：

① 参见［英］加利·瓦特：《衡平法和信托法简明案例》（第二版），武汉大学出版社 2004 年版，第 101 页。

② See Uniform Trust Code 1010；Restatement（Third）of Trusts 31.

其一，决定主体为利害关系人，而非裁判机关。事实上，具有侵害委托人此项利益动机的包括了各种能够在信托终止后取得信托财产的人，既包括受益人，也包括委托人的继承人。这也是比较法上其他国家之所以由法院最终确定受托人人选的原因。如日本信托法就对此规定了由利害关系人向法院申请新任受托人。[①] 再如，美国信托法也规定了当缺少受托人时，有管辖权的法院将会指定所需要的并且合适的人作为信托的受托人。[②] 而我国《信托法》恰恰赋予了这些非中立主体以选任新受托人的决定权。在作出决定时，这些主体将不受监督地行使权利，在面对利益冲突的情况下，委托人的利益将难以实现。其二，我国法律未规定受托人享有法定报酬请求权。“信托不因缺少受托人而失效”的现实基础在于受托人就其所履行的职责享有的合理报酬请求权，即便信托文件未对报酬等问题作出规定。从《美国统一信托法典》第 708 条的规定来看，如果信托文件中的所有条款都没有明确说明受托人的报酬标准，那么受托人有权根据当时的环境获得合理的报酬。同样的，如果信托条款中有受托人报酬的相关规定，那么法院则会尊重当事人的意思自治，因此受托人有权获得信托文件中所规定的报酬，但是，如果在信托实际运行过程中受托人的职责明显与信托设立时所预计的职责相差较远或者规定的报酬不合理地过高或者过低时，法院会对报酬进行适当调整。正是由于法定报酬请求权的存在，在英美法系的国家中，职业受托人（如信托公司、律师或是银行）都愿意接受法院的指定。对此，在我们的制度设计上，应当进一步加以完善。由于本书主题所限，不予以展开。

（三）信托避债功能的实现

委托人利用信托这项法律工具实现其死手控制的另一个重要目的在

① 参见张军建、陈光：《中日信托法委托人法律地位的比较研究》，载《文史博览》2005 年第 2 期。

② See Restatement (Third) of Trusts § 31.

于发挥信托的避债功能，避债的法律效力已经成为英美法系家族信托（Dynasty Trust）的基石。[①] 而这一功能的实现同样是建立在信托财产归属于受托人的基础之上。与一般意义上的信托财产独立性不同，信托的避债功能主要指的是当事人通过信托内部的结构设计，使得信托受益人的债权人无法通过强制执行信托受益权的方式获得信托财产，从而实现财产延续。

在目前的信托实践中，当事人主要通过两种方式实现避债功能：

第一种方式是委托人在信托文件中设置禁止挥霍条款（spendthrift provision）。根据该条款的规定，信托中的受益权不得进行移转，无论是否基于受益人的自愿或非自愿，同时不得用于偿还债务。信托法对此等条款效力的承认使得债权人无法对受益人享有的权利进行强制执行。目前，禁止挥霍条款本身的合法性已被美国各州广泛认可，争议的焦点集中于是否应当对特定债权人取得受益权设置例外情形，如受益人的配偶、子女以及因受益人实施侵权行为的受害者。[②] 因此，除非法律有特别规定，债权人只能在受托人实际分配信托利益后，对受益人实际收到的财产主张权利，而这往往不具有现实可行性。我国《信托法》第四十七、四十八条的规定即为对禁止挥霍条款合法性的承认。[③]《信托法》之所以承认禁止挥霍条款的合法性，背后的法理是，为了实现避债效果，受益人同样付出了代价，他不仅不享有信托财产的所有权，法律同时剥夺了受益人以自己认为妥当的方式来管理、使用有价值资产（信托受益权）的权利。[④] 相比之下，如果委托人通过内部结构设计，在信托中通过指定本人为受益人，从而保留或变相保留实质性权利，那么禁止挥霍条款生效的合法性基础也就受到破坏，此类条款的唯一目的就是

① 参见［美］劳伦斯·M. 弗里德曼：《遗嘱、信托与继承法的社会史》，沈朝晖译，法律出版社 2017 年版，第 153~166 页。

② 参见［美］爱德华·C. 哈尔巴赫：《吉尔伯特信托法》，张雪楳译，法律出版社 2017 年版，第 145~152 页。

③ 参见方嘉麟：《信托之法理与实务》，中国政法大学出版社 2004 年版，第 221 页。

④ 参见［美］劳伦斯·M. 弗里德曼：《遗嘱、信托与继承法的社会史》，沈朝晖译，法律出版社 2017 年版，第 157~159 页。

损害债权人利益，因而在判例法上，法院一致认定委托人通过获得受益人身份而保留信托权利的挥霍者条款无效。[①] 由此可见，委托人退出信托关系是挥霍者条款生效的必要条件。在法律表达上，委托人退出信托关系并将财产权转移给受托人的行为也就成了挥霍者信托合法的基础。

第二种方式是委托人在信托文件中赋予受托人分配信托利益的自由裁量权。在这类自由裁量权信托（discretionary trust）中，信托利益的分配取决于受托人的意思，信托中的受益人是否能够获得信托利益、获得多少信托利益全凭受托人自己的决定，受托人按照信托文件的要求作出的任何关于分配信托利益的决定均不违反信义义务中公平义务的要求。在这种信托中，即便其中的某一受益人的受益权被强制执行，但受托人由于享有分配信托利益的权利，因此如果不进行分配（在大多数情况下，享有自由裁量权的受托人不会在这种情况下向该受益人分配信托利益），该债权人仍然难以获得任何利益。可以说，此类避债功能的实现完全依赖于受托人对信托财产的处分自由，受益人不仅自身不享有所有权，对受托人分配信托利益的行为也不享有强制执行的权利。相反，如果委托人在信托中保留实质性的受益权，则该信托将被认定为财产保护型信托（Asset Protection Trust，APT），在效力上也与上述在自益信托中设置的禁止挥霍条款一样不能产生法律效力。[②] 值得注意的是，在法理之外，美国仍有少数州通过立法的方式承认专为避债而设立的信托的效力，但是，其仅仅是公共政策上的选择，目的只是在各州的金融竞争中获益。[③] 在一些奉行普通法的加勒比岛国，如巴巴多斯、开曼群岛、库克群岛、格林纳达等国，纷纷通过立法，在一定程度上承认财产保护型信托的合法性，但是这种做法并非基于法理，他们的唯一目的就是吸引境外资本的流入。以开曼群岛的信托法律为例，该国信托法

---

① See Erwin N. Griswold, Spendthrift Trust Created in Whole or in Part for the Benenfit of the Settlor, 44 Harvard Law Review, 1930, p. 205.

② See Uniform Trust Code § 505.

③ See Jesse Dukeminier & Robert H. Sitkoff, Wills Trusts and Estates, New York: Aspen Publishers, 2013, p. 704.

只承认非本国居民的委托人所设立的保护型信托合法，但对于本国居民而言，其在自益信托中赋予受托人自由裁量权的行为则被视为无效。①我国《信托法》承认自由裁量信托的合法性，但是如果委托人在信托中仍然保留实质性权利，则信托财产将仍然置于其控制之下。根据信托原理，我国的这种形态的信托将无法实现基于自由裁量权而产生的避债效力。

由此可见，上述两类信托实现避债的机制虽然有所不同，但都建立在委托人退出信托关系，并且由受托人享有信托财产所有权之基础上。而在实践中，避债型信托的委托人欲使信托发挥的功能都是使财产保持最大程度的安全，即便在自己去世后，财产仍然免遭受益人之债权人的追及。此目的实现的前提就是信托关系在委托人去世后仍然存续，并且有确定的所有权人，而非无主财产。由于委托人此时已经死亡，不具有权利能力，自然无法享有信托财产的所有权。我国《信托法》同样承认在委托人去世后信托仍然存续的状态。我国《信托法》第八条与第十三条确认了遗嘱信托在我国的合法性。遗嘱信托区别于合同信托的特征是信托以遗嘱的生效为前提，也即以委托人（遗嘱人）的死亡为前提。信托的生效意味着委托人的死亡，因此在这类信托中，信托财产不应归属于委托人。此外，在公益信托中也广泛地存在这样的状态。与此同时并未设有关于信托财产归属的特别规定，那么在法律解释上，就应当认定无论委托人的存在与否对于信托财产的归属并不产生影响。由此而产生的解释结论必然是信托财产不应当归属于委托人。此外，如果将受益人的权利界定为所有权意义上的，那么由于缺乏特别法的调整，其持有的财产将作为其责任财产的一部分，进而被其债权人强制执行。因此说，欲发挥信托的避债功能，就必须承认受托人的所有权。

① See Stewart E. Sterk，Asset Protection Trust：Trust Law's Race to the Bottom?，85，Cornell Law Review，2000，p. 1048.

二、对受托人不当行为的法律规制

委托人丧失财产所有权后，还将面临来自受托人的道德风险，受托人可能以其享有所有权的信托财产实施违反信托本旨的处分行为，进而危及信托财产的安全，这些行为主要体现为违反信义义务的行为以及违背信托目的而实施的处分行为。因此说，赋予受托人财产之上的所有权只是现代信托法的一半内容，其另一半的工作就是保护信托受益人、委托人的利益实现。[①] 故信托法对于受托人可能损害受益人、委托人利益和危及信托财产安全的这些行为进行了精细的法律调整和规制，委托人的合法权益并未因丧失所有权而遭受更多的威胁。这些规范体现为信托法中设置的信义义务，该义务虽然包含若干的子义务，如记账义务、公平义务、分别管理义务等，不过这些子义务在性质上均属忠实义务和谨慎义务的具体应用。因此，本部分仅就这两项义务进行说明。

（一）忠实义务及法律责任承担方式的扩张

忠实义务是包括信托法在内的整个信义法的核心义务。[②] 它是建立在立法者对人类先前行为的某种预设的基础上作出的判断——在处理他人所托付的事务时，面对不可避免的利益冲突，实际执行者通常将维护自己的利益，而牺牲施信人的利益。[③] 受托人实际控制信托财产，但不能为自己谋利，这就对受托人的义利观提出了严峻的考验。面对利益，受托人能否做到义利分明，不为利诱，这恐怕不是纯粹道德层面的自律所能解决的。[④] 有鉴于此，更多由道德调整的信义关系逐渐演变为由法律所调整。

---

① See Jesse Dukeminier & Robert H. Sitkoff, Wills Trusts and Estates, New York: Aspen Publishers, 2013, p. 582.

② 参见赵磊：《信托受托人的角色定位及其制度实现》，载《中国法学》2013 年第 4 期。

③ See Tamar Frankel, Fiduciary Law, Oxford: Oxford Press, 2011, p. 101.

④ 参见余卫明：《信托受托人研究》，法律出版社 2007 年版，第 170 页。

包括我国《信托法》在内的各国信托法无不确立了最佳利益原则（best interest rule），即信托受托人应当为了施信人的最大利益管理和处分信托财产。我国《信托法》第二十五条对忠实义务进行了原则性的规定："受托人应当遵守信托文件的规定，为受益人的最大利益处理信托事务。受托人管理信托财产，必须恪尽职守，履行诚实、信用、谨慎、有效管理的义务。"其中，前句的规定即为受托人的忠实义务。在其他类型的信义关系中，均未彻底地承认这种最佳利益原则，受信人的行为还需顾及其他利益相关人的利益，对此将在第六章进行详细论述。根据忠实义务的要求，信托成立后，受托人应当按照法律的规定以及信托文件的约定履行其管理、处分信托财产的职责，而对信托目的的忠实，就体现为其为了受益人的最大利益处理信托事务，只有这样才能符合信托关系所依存的信任基础。[①] 在信托关系中，受信人将面临与施信人的利益冲突，信义法则要求受信人将自己的利益劣后于施信人的利益，而在一般性的诺成契约中，则不要求受信方协调此种利益。在不存在信义关系的合同中，除非存有特别约定，否则双方当事人追求自我利益的行为是常态。[②] 这种当事人的自利性也是受法律所保护的。Rafael Chodos 教授对此指出，信义法所调整的是人与人之间的关系，属于"关系法"，而合同法所调整的是民事主体之间的交易。[③] 在合同关系中，当事人双方追求各自的经济利益无可厚非，而关系则是在长期的过程中逐步形成的，在进行过程中，需要当事人的彼此合作，而这种合作，是大多数合同中不存在的元素。[④]作为具体规则，《信托法》第二十八条规定，除非事先征得同意或信托文件有相反规定，并以公平的市场价格交易的，受托人不得将其固有财产与信托财产进行交易或者将不同委托人的信托财产进行相互交易。

此外，在无偿信托中，受益人的信托利益来自委托人的意思表示，

---

① 参见卞耀武主编：《中华人民共和国信托法释义》，法律出版社 2002 年版，第 96 页。

② See Tamar Frankel, Fiduciary Law, 71 California Law Review, 1983, pp. 830~832.

③④ See Rafael Chodos, Fiduciary Law, Why now? Amending the Law School Curriculum, 91 Boston University Law Review, 2011, p. 845.

在经济结构上，与利他合同相似。如前所述，委托人之所以选择信托的方式完成利益的授予，其中重要的原因在于将自己的意志延续至死后，由独立于利益接收者的第三方保护其利益。因而，在该类信托中，受托人忠实义务的对象还将扩张至委托人，从而也就改变了传统代理法中单一权利人的基本模型，即受托人不仅要为了受益人最大利益而行事，同时也确保其行为符合委托人事先规定的意愿。①

在忠实义务扩张的同时，法律责任的承担方式也更为多样。在传统英美法中，实际履行并非违约责任的主要救济方式，普通法仅承认损害赔偿，虽然后来实际履行作为责任承担方式被衡平法院所认可。不过，在合同领域，损害赔偿仍然是法官首选的救济手段，即只要损害赔偿被认为是适宜的，就不再考虑其他的责任承担方式。② 然而，在信托领域，面对受托人违背忠实义务的情形，衡平法院从一开始就没有以损害赔偿作为法律责任承担方式的重心。③ 除合同责任外，信托法中还引入了归入权。受托人通过违反信义义务所获得的利益，将被剥夺，并回复到信托财产之中。相比于实际履行、恢复原状、损害赔偿等合同责任，信托法中出现的利润剥夺，其范围不限于实际损失，从而更为彻底地消除了受托人不当行为的经济动机，从而最大限度地杜绝了效率违约的出现。这种旨在进行利润剥夺的请求权也与侵权损害赔偿请求权和不当得利返还请求权相比具有显著区别，具有独立的价值。④ 我国《信托法》第二十六条对归入权的行使作出了规定，受托人"利用信托财产为自己谋取利益的，所得利益归入信托财产"。从法律解释的角度，该条应当被理解为违反忠实义务的通用救济手段，其适用范围极为广泛，不仅适用于典型的违反忠实义务的场合，还可以适用于受托人将信托财产混

---

① See Robert H. Sitkoff, An Agency Costs Theory of Trust Law, 89 Cornell Law Review, 2004, p. 658.

② 参见王军：《美国合同法》，对外经济贸易大学出版社 2011 年版，第 282 页。

③ See Restatement (Second) of Trusts, § 199.

④ 参见朱岩：《"利润剥夺"的请求权基础——兼评〈中华人民共和国侵权责任法〉第 20 条》，载《法商研究》2011 年第 3 期。

同、以信托财产进行关联交易、违背信托目的处分信托财产以及履职过程中的受贿行为等。①

由于在信托关系中，财产置于受托人处，由受托人实际管理、处分财产，委托人和受益人常常处于信息不对称的地位。因此，虽然忠实义务和相应的责任承担方式的扩张有效地遏制了受托人的不当行为，相比于单纯的合同法救济有了明显的进步，但是如果仅仅止步于上述的调整方式，则并不能消除受托人侵害信托财产的全部动机。受托人仍然会进行预期赔偿率（expected sanction）的经济分析，如果结果是预期收益率大于预期的赔偿率，则受托人仍然会选择进行违背忠实义务的行为。② 对此，忠实义务中包含的一系列证明规则在最大限度上提升了受托人不当行为被发现和认定的概率，进而在整体上提升了预期赔偿率。首先，法院虽然逐渐放松了对受信人从事自我交易的限制，从严格禁止该行为，到允许特定类型的自我交易，但证明该交易公平性的举证责任始终由受信人承担。③ 其次，根据信托法上的"无需进一步询问规则"（The No-Further-Inquiry Rule），受托人可以从事自我交易或是从事与其私利相冲突交易的前提条件之一是，进行彻底的信息披露后征得权利人的同意，如未满足此条件的，则法院不需要审查交易的具体内容即可认定受托人违反忠实义务，进而将其利润予以剥夺。④ 那么，在实践中，证明信息披露的质量和权利人的同意，就成为责任认定的关键，对此，信义法规定了对于上述的事实，举证责任均由受信人承担。⑤ 上述的举证责任分配规则可以大大提高受托人进行不当行为的经济成本，进而有效地防止受托人从事违反忠实义务的行为。⑥

---

① 参见赵廉慧：《信托法解释论》，中国法制出版社 2015 年版，第 324 页。

② See Robert Cooter & Bradley J. Freedman, The Fiduciary Relationship: Its Economic Character and Legal Consequences, 66 New York University Law Review, 1991, p. 1052.

③ See California Corporate Code §310（a）（3）.

④ See Retatement（Third）of Trusts §78 cmts. c（1）-（3）.

⑤ See Retatement（Second）of Trusts §170（2）.

⑥ See Robert Cooter & Bradley J. Freedman, The Fiduciary Relationship: Its Economic Character and Legal Consequences, 66 New York University Law Review, 1991, p. 1055.

(二) 较高的谨慎义务

谨慎义务，也即大陆法系中的注意义务。[①] 该义务是指受信人管理所托付事务时应当尽到谨慎人的合理注意义务。一般而言，谨慎义务要求受托人在信托存续期间，必须尽到与具有一般理性且具备民事行为能力的人在处理自己事务时所付出的谨慎程度相当的注意义务。根据法律行为的类型，谨慎义务的标准也不尽相同。在信托中，这种谨慎义务体现为善良管理人的注意义务，是较高级别的谨慎义务。如果说忠实义务主要解决的是受信人在执行受托事务时以何者利益的实现为优先，那么谨慎义务所欲解决的就是在为施信人最大利益行事过程中所应恪尽的注意程度。在注意程度上，理论上虽有不同认识，但对于该义务存在程度上的差异这一点上并不存在争议。有观点认为，注意义务分为三级，即轻度注意、一般注意和高度注意；也有观点认为，这种注意义务应当分为五个等级，即轻度注意、一般注意、合理注意、高度注意和最高注意，义务人所需要尽到的谨慎义务依次提高。[②] 在信托关系中，受托人由于实际持有信托财产，其行为直接决定受益人的利益实现，因而法律对受托人课以最高程度的注意义务，以确保信义义务的履行。

此外，在具体程度上，如果在接受信托前，受托人向委托人表现出了在特定方面超乎他人的才能，那么，即便未将这些内容纳入信托文件之中，其注意义务的标准也将随之提高。根据英美法系在立法和司法领域已经达成的共识，受托人只要具备更高的技能，就应当在管理信托财产时使用，甚至不要求以向委托人主动展示为前提。[③] 然而，受托人即使已经尽其所具备的全部注意能力，如果未达到一般谨慎小心的人处理其自己事务的注意和技能，对于其造成的损害，也将被认定为具有过错；相反，如前所述，如果受托人具有高于一般谨慎人处理自己事务的

---

① 参见周玉华：《信托法学》，中国政法大学出版社 2001 年版，第 180 页。

② 参见薛波主编：《元照英美法词典》，法律出版社 2003 年版，第 193 页。

③ See George T. Bogert, Trusts, St. Paul: West Academic Publishing, 2005, p. 334.

注意和技能的，如未尽到此种程度的义务，对于所造成的损害，也被认定为具有过错。① 这种浮动的谨慎标准显然更有利于保护委托人与受益人的合法权益。对此，笔者还将在第六章中作出进一步的论证。

在举证责任方面，信托法也设置了有利于委托人权利保护的规范。根据“谁主张、谁举证”的一般举证责任分配规则来看，在受托人未尽到谨慎义务时，应当由作为原告方的委托人或受益人提供证据材料。但考虑到信托财产已经不再由委托人或受益人实际管理、处分，因而仍然遵循一般举证责任原则将对委托人的权益保护极为不利。故，根据传统信托法规则，应当由受托人承担举证责任。特别是当受托人为专业机构时，与委托人相比，这些专业受托人在行为主体、决策过程、客观效果、同行业绩等方面证明自身已经尽责更为容易。况且，此类信托文件多由受托人负责起草，随着信托产品日趋复杂、投资更为专业，继续沿用传统的举证规则已经不合时宜。② 有鉴于此，在《民商事审判会议纪要》中，最高人民法院也在第 94 条中明确了委托人主张受托人违反谨慎义务，要求受托人予以损害赔偿的，应当由受托人举证证明其已经履行了义务。受托人不能举证证明，委托人请求其承担相应赔偿责任的，人民法院依法予以支持。

三、委托人的防御性权利

委托人丧失财产的所有权后，即便在英美法系，其仍然可以依信托法或信托文件的规定享有诸多权利。有学者将这一现象解释为英美信托法对委托人在信托中享有权利持否定态度的一个例外。③ 但事实上，英美法系中信托一经成立委托人即退出信托关系的说法，是建立在受托人

① 参见方国辉：《浅释信托制度中受托人之地位与权益》，载《存款保险资讯季刊》1990 年第 4 期。

② 参见最高人民法院民事审判第二庭编著：《〈全国法院民商事审判工作会议纪要〉理解与适用》，人民法院出版社 2019 年版，第 492 页。

③ 参见周玉华：《信托法学》，中国政法大学出版社 2001 年版，第 165 页。

与受益人之间形成的信义关系（Fiduciary Relationship）已经被明确界定的基础之上。在英美法系中，所谓的信托就是指受托人与受益人之间形成的特定的权利托付关系，法律将这种被抽象出来的关系进行了特别规范，使之完全区别于当事人之间形成的合同关系。因而，认为委托人退出信托关系，所指的就是委托人在信义关系中不享有权利或承担忠实义务，但并不意味着其能不享有合同上的权利或义务。这也就意味着，英美法系中，委托人的防御性权利并非天然地享有，委托人必须在信托文件中进行约定或者保留部分信托受益权，否则根据信托法的政策，不可撤销信托的委托人并非法律关系的当事人，不得提出关于信托的诉讼。① 而在实践中，委托人在信托中保留权利往往会招致不利的税收后果，从而事实上阻却委托人的监督资格。② 这样的制度设计也被英美信托法学者广泛诟病。如 Langbein 教授建议立法者修改当前信托法中的任意性规范，即在缺乏相反约定时，委托人也能享有监督权，并可以自己名义进行诉讼。③ Sitkoff 教授则从法经济学的角度指出，赋予委托人一定的监督权以及诉讼主体资格将显著地减少代理成本，委托人的外部监督可以有效地威慑受托人的不当行为，特别是在受益人不具有足够行为能力时。④ 另有英美法系学者指出，美国信托法中委托人处于明显的弱势地位，造成了受托人权利的不受限制，从而危及信托财产的安全，在立法上应当借鉴中国信托法上的经验。⑤ 由此可见，在完成财产权转移的基础上，委托人在信托中享有监督性的权利符合信托法的发展方向。这些权利的享有和行使，并不使委托人从信托财产中获得经济利

---

① See John T. Gaubatz, Grantor Enforcement of Trusts: Standing in One Private Law Setting, 62 North California Law Review, 1984, p. 906.

② See George T. Bogert, Trusts, St. Paul, West Academic Publishing, 2005, p. 516.

③ See John H. Langbein, The Contractarian Basis of the Law of Trusts, 105 Yale Law Journal, 1995, p. 664.

④ See Robert H. Sitkoff, An Agency Costs Theory of Trust Law, 89 Cornell Law Review, 2004, pp. 667 ~ 669.

⑤ See Frances H. Foster, Amercian Trust Law in a Chinese Mirror, 94 Minnesota Law Review, 2010, pp. 638 ~ 639.

益，一般情况下也不会对受益人的利益构成实质影响，对信托的实际控制力也有限，因此不会被认定为对信托财产构成实际控制，进而不会否定财产的独立性。在失去财产所有权后，享有防御性权利的委托人可以有效地保障自己利益的实现。就内容而言，这种防御性权利一般包括以下几个典型权利：

（一）知情权

委托人丧失所有权后，受托人将以所有权人的身份对信托财产进行管理、处分，为了防止信托财产因受托人行为而导致贬损，法律赋予委托人诸多监督性的权利，这些权利均以完善的知情权制度为基础。在本小节，笔者通过将委托人的知情权与公司法中股东知情权进行比较的方式，以凸显信托法对施信人知情权的强化。

在权利的行使上，我国《信托法》第二十条第一款规定了委托人的知情权："委托人有权了解其信托财产的管理运用、处分及收支情况，并有权要求受托人作出说明。"同时，作为受托人的义务，《信托法》第三十三条规定了受托人必须保存处理信托事务的完整记录。与公司股东的知情权相比，《信托法》为同样实施了财产权移转行为的出资人（委托人）设置了更为强大的知情权，以进一步改善丧失所有权后的弱势地位。我国《公司法》第三十四条规定了公司股东可以查阅、复制公司的会计报告，但必须向公司说明目的，公司如果认为该目的不正当可能损害公司利益的，有权拒绝，此时股东只能以诉讼的方式实现其知情权。而在信托关系中，委托人无需说明查询的目的，受托人亦无权对目的的合法性进行审查。对此，《信托法》第三十三条还规定了受托人定期报告的义务，即信托受托人有义务定期向委托人报告信托的实施情况。英美信托法中也有此类规定，只不过披露的对象为受益人。

在知情权的内容上，《公司法》规定，知情权的内容仅限于会计账簿，对于原始会计凭证能否查询，理论和司法实践中存在不小的争议。[①] 对于公司所签订的合同及内容，更是难以获知。然而，如果在无法得知合同具体内容的情况下，很难对公司受信人是否违反了忠实义务等进行判断。但是，在信托法上，只要与信托财产的管理、处分有关的内容，均应当向委托人公开。在 Jimenez v. Lee 案[②]中，法院指出，受托人应当对与信托财产有关的各种交易进行完整、准确地记载，以证明自己信义义务的履行。受托人应当将信托财产的收支单独记账，而不是将各种支出凭证粗略汇总，后者的做法显然不符合信托法的要求。我国《信托法》第二十条第二款规定了委托人的知情范围是与其信托财产有关的信托账目以及处理信托事务的其他文件，其中的"其他文件"，在不侵害商业秘密的情况下，可以作扩张解释。而对于获得了相关资料的委托人，根据《信托法》第三十三条的规定，应当承担保密义务。《美国统一信托法典》《美国信托法第三次重述》以及诸多的判例中都对此予以确认。《美国统一信托法典》第 813 条（a）中规定，受托人必须使权利人合理地知悉信托的管理情况以及其他能够帮助权利人维护自身合法权益的主要事实。大量的普通法判例明确了这种主要事实的范围包括交易的细节。在 Allard v. Pacific National Bank 案[③]中，法院确认并创设了多项关于知情权以及信息披露标准的相关规则。法院首先确认了知情权的范围是能够帮助受益人维护自身合法权益的全部信息，同时认为在各种定期披露以外，受托人如果进行非经常性交易，并且这些交易将对受益权有重大影响的，在交易前应将交易的全部细节告知权利人。

（二）委托人的撤销权

由于受托人享有财产的所有权，以所有权人身份进行的各种处分行为，在性质上都属于有权处分。换言之，无论第三人是否构成善意，均

① 参见刘俊海：《现代公司法》，法律出版社 2015 年版，第 369 页。

② See Jimenez v. Lee，547 P. 2d 126（1976）.

③ See Allard v. Pacific National Bank，663 P. 2d 104（1983）.

可以取得财产的所有权，而不受《物权法》第一百零六条的限制。信托法在此的策略是赋予委托人、受益人以撤销权。如前所述，根据我国《信托法》第二十二条规定，受托人违反信托目的处分信托财产的，委托人有权申请人民法院撤销该处分行为。对此，我们不妨比较在两种不同的法律适用下，对财产安全的保护。即在不考虑其他权利存在时，委托人享有财产所有权与否，对受托财产的保护是否有明显的差异。

委托人享有信托财产所有权时，受托人违反信托目的的处分，在性质上属无权处分，适用《民法典》合同编与物权编中关于无权处分及无权代理的规则。在《民法典》的规则下，行为人无权处分订立的合同，不因其无处分权而当然无效，委托人也不因此享有撤销权或追认权。受托人与交易第三人按照合同约定实施的物权行为，能否发生物权变动的效力，将依据物权法中关于善意取得的规定进行判断。对此，我国《民法典》物权编中的第三百一十一条规定了受让人在受让财产时须在主观上构成善意，且以合理的价格受让财产，同时必须完成相应的物权公示，才能取得财产的所有权，否则作为所有权人的委托人可以请求返还原物。

在由受托人享有所有权的情景下，由于受托人本身就是财产法律上的所有人，因此，交易相对人可以依有效的合同而取得标的财产的所有权。在受托人违背信托目的时，根据《信托法》第二十二条的规定，委托人可以申请法院撤销该处分行为。撤销权的制度目的在于保障信托本旨的实现。至于受托人的行为是否违反了信托的本旨，以及是否行使该撤销权，则由委托人、受益人自主判断。法院则根据交易的相关情况决定是否撤销该行为。由于我国没有针对信托财产的登记制度，因此，法院在决定撤销权行使时，通常采用主观标准，即交易相对人是否构成善意。对于明知受托人违背信托目的的第三人，不予保护。如果仅能证明第三人知道其交易相对人是财产的受托人，并不足以证明其恶意，还需进一步举证其明知受托人的处分权限。[①] 如前所述，在比较法上，委托人与受托人撤销权的行使受到越来越严格的限制，相对人即便知道交易相对人是财产的受托人，也没有义务查询背后的信托文件。在法院不批准行使撤销权的情况下，受托人则应向受益人承担债务不履行的责任与侵权责任。[②] 同时，如前所述，违背信托本旨的处分行为在我国法律上同样将被视为违反忠实义务的行为，因此，委托人与受益人还得以《信托法》第二十六条作为请求权基础，主张行使归入权。

综上所述，无论委托人保留所有权还是丧失所有权，均能实现信托财产的回复。在受托人违背信托目的进行处分的情况下，委托人保留所有权的，其行使的是返还原物请求权。而撤销权所指向的是受托人的处分行为，当处分行为被撤销后，财产即恢复到交易前的状态。对于交易相对人而言，处分行为被撤销后，仍然能够依据作为基础行为的负担行为而主张债务不履行的法律责任，进而实现利益的平衡。相比而言，两种模式中权利的行使受到程度不同的限制。委托人行使物权请求权的，受到善意取得制度的限制，第三人符合善意取得构成要件的，委托人不能追回财产。而委托人撤销权的行使，由于需要承担相应的举证责任，因而难度相对较大。法院也更倾向于保护交易的安全。如前所述，对于撤销权行使条件的规定，体现的是立法者的一种价值取舍：要求与信托受托人交易的第三人负担注意义务，加重了交易的成本，进而导致市场中没有人愿意在同等条件下与信托受托人进行交易，反过来也将影响信托目的的实现。故总体而言，委托人失去所有权的模式仅在受托人违背信托目的进行处分的场合与享有所有权的模式略有差异，但这种差异已经被信托法通过信义义务以及法律责任承担方式的扩张进行了功能上的弥补。

---

① 参见赵廉慧：《信托法解释论》，中国法制出版社 2015 年版，第 483 页。

② 参见王志诚：《信托法》，我国台湾地区五南图书出版股份有限公司 2017 年版，第 198 页。

（三）信托财产管理方法调整请求权

传统信托法上，大致有两种方式可以使受托人调整信托财产的管理方式：第一，委托人与全部受益人协商一致，可以变更或解除一项不可撤销信托，受托人对此无任何抗辩权；在委托人死亡后，经全部受益人的一致同意，并且信托的变更或终止与委托人设置的主要信托目的不冲突的，可以变更或解除信托。第二，因委托人在设立信托时未能预见的情况出现时，如继续原管理方式将致使信托目的无法实现，此时法院将批准受托人改变原先的管理方式，该规则也被称为衡平偏离原则（Equitable Deviation Doctrine）。①

在我国信托法上，委托人调整财产管理方法的请求权多指后一种情形。包括我国在内的大陆法系国家和地区的信托法中，委托人均享有要求信托财产管理方法调整的请求权。我国《信托法》第二十一条规定了在符合特定情形时，委托人可以要求受托人调整信托的管理方法。另根据《信托法》第四十九条的规定，受益人同样享有这一权利，而当委托人与受益人对此意见不一致时，由法院作出裁定。

这一规则的出现，使得委托人即便退出了信托关系，仍然可以对其已经作出的意思表示进行修改以实现设立信托时的初衷，这就与单纯的财产赠与有明显的不同。而相比于由委托人保留财产所有权的委托代理关系，伴随着财产移转的信托关系在此种情况下更能够倾向于保护委托人的利益。在一项委托代理关系中，委托人与受托人之间为合同关系，当出现委托人订立信托合同时未能预见的特别事由时，委托人只能借助情势变更规则变更合同。但相比于衡平偏离原则，情事变更的适用显然更为严格。情事变更规则强调当事人双方均未能预见的变化，并且这种变化不包括商业风险。② 而信托委托人的此项权利并未对受托人的预见

① See Jesse Dukeminier & Robert H. Sitkoff, Wills Trusts and Estates, New York: Aspen Publishers, 2013, pp. 717~724.

② 参见王利明：《情势变更制度若干问题探讨——兼评〈民法典合同编（草案）〉（二审稿）第323条》，载《法商研究》2019年第3期。

能力进行规定，即仅以委托人主观预见与否为行使权利的必要条件。同时，对于预见的内容，也未作限制。在委托代理中，如果不构成情势变更，那么，委托关系中的委托人只能通过行使任意解除权同时承担相应损害赔偿责任的方式终止法律关系。

（四）解任权

委托人将财产的所有权转移给受托人后，将要面对受托人不当履行其信托职责的风险。受托人违反信义义务的，虽然承担了相应的法律责任，但由于当事人之间的信任基础可能已经崩塌，故由原受托人继续管理信托财产已经不合时宜。故在各国信托法上，都规定了作为信托利害关系人的委托人享有申请法院解任受托人的权利。我国《信托法》也对委托人的解任权进行了规定。《信托法》第二十三条规定了受托人违反信托目的处分信托财产或管理、处分信托财产时有重大过失的，委托人可以解任受托人。此时，委托人的解任权体现为一种救济性手段。因而，以《信托法》第二十三条为请求权基础的，应当证明受托人有违反信托目的管理、处分信托财产或管理、处分信托财产存在重大过失。如果仅有一些轻微违背信托职责的行为，如，行为上略有怠慢货稍有拖沓，则不能认为其权利的行使具备法定条件。①

事实上，解任受托人在传统上的确被认为是在受托人违反信托时委托人、受益人的救济手段。在英美传统信托法上，解任受托人必须有合法的理由（Cause）。只有当受托人存在不诚信行为或管理信托财产过程中有重大过失的，法院才能支持解任的诉讼请求，而如果受托人有轻微过失或仅仅与受益人存在不同意见的，将不构成行使解任权的条件。然而，这样的制度设计将导致现任受托人的消极怠工，并且不利于市场中信托公司等专业受托人之间的业务竞争。因而，现代信托法出于对信托财产的有效管理，放宽了委托人、受益人行使解任权的条件，这种解

① 参见周小明：《信托制度：法理与实务》，中国法制出版社 2012 年版，第 239 页。

任权的行使也不再被认为是受托人违反信托的救济手段，而被视为是信托的变更。《美国统一信托法典》第706条对解任权的行使条件作出了具体规定，其中不仅包括受托人从事严重违反信托行为的情形，还包括受托人未能对信托财产进行高效管理；以及发生情势变更或经由全体受益人同意，并且变更受托人在符合全体受益人的最佳利益的同时，不违反信托的主要目的。①

我国大陆的《信托法》和我国台湾地区的信托规范性文件均在救济性层面规定委托人的解任权。与我国大陆类似，我国台湾地区“信托法”第三十六条也规定了受托人违背信托职务或有其他重大事由时，委托人可以申请法院解任受托人的职务。与此不同，日本信托法的立法则与英美信托法的规定更为类似，在《日本信托法》第56条第1款第6项规定了信托变更意义上的解任权，即只要委托人与受益人达成合意，就可以随时解任受托人，随即其在第58条规定了如果解任给受托人造成损失的，委托人应当承担损害赔偿责任。

笔者认为，虽然在我国大陆《信托法》以及台湾地区信托规范性文件上均未明文指出委托人与受益人享有这一权利，但可以类推适用合同法中关于委托代理的相关规定。委托在信义法体系中处于基础地位，正如我妻荣教授所言，只要当事人之间存在信任关系，并且一方将自己的事务托付给另一方处理，委托合同就会扩散到其他法律关系中，成为具有类似特征法律关系的一般规则。② 根据我国《民法典》第九百三十三条的规定，委托人与受托人均享有任意解除权，行使该权利给对方造成损失的，应当承担损害赔偿的责任。在信托关系中，委托人与受益人在信托中均存在利益，并且都是受托人履行信义义务的对象，因此委托人与受益人可以共同行使该任意解除权。根据当然解释，解任权相比于解除权而言，只是将受托人剔除出法律关系之外，而法律关系仍然存

① See Jesse Dukeminier & Robert H. Sitkoff, Wills Trusts and Estates, New York: Aspen Publishers, 2013, p. 737.

② 参见［日］我妻荣：《债权各论》（中卷二），周江洪译，中国法制出版社2008年版，第134~136页。

续，即按照信托文件或法律规定的选任规则指定新受托人。因此，在我国信托法上，委托人与受益人协商一致的，可以解任受托人，但应对其造成的损失承担相应的赔偿责任。

四、小结：受托人取得所有权后对委托人合法权益的保护

综上所述，若要实现信托财产的独立性，委托人除进行必要的财产移转外，还不能在信托中保留诸如撤销权等积极性权利。只有委托人完全地退出信托关系，才能够产生当事人所预期的法律效果，即财产独立性的实现以及委托人“死手控制”利益的实现。而在委托人丧失所有权后，其合法权益仍然能够得到妥当保护。一方面，信托法规定了受托人的忠实义务、谨慎义务等信义义务，最大程度地对受托人的不当行为进行了规制；另一方面，委托人在信托中享有若干防御性权利，旨在监督受托人的行为。相比于未转移所有权的委托代理关系而言，并未显著增加委托人的法律风险。

第六章 信义法体系中信托财产的法律归属

本书上述章节均从信托法内部入手，分析了信托财产归属于受托人。在文章的最后一个部分，为了能进一步论证信托财产法律归属，我们将超越信托法的范畴，在体系化的视角下，将目光着眼于整个信义法体系。毋庸置疑，信托关系是典型的信义法律关系，而除此之外，在委托、代理、合伙、公司中也存在信义关系。① 这些信义关系具有共同的法律特征，但也存在规律性差异，在不同的法域，构成了各自法律体系中具有逻辑上递进关系的信义法体系。从不同信义关系之间的区别进行观察，可以在体系化的视角下解释信托中存在财产所有权移转的法律事实，以及我国《信托法》第二条中所使用的“委托”一词与信托中的财产权移转之间并不冲突。

一、信义法体系中的法律关系

在近 250 年以来，旨在对信义关系进行调整的法律以及相应的学术研究在整个英美法系中占据了举足轻重的地位，然而对于信义关系的具体定义，仍然未能得到统一。② 由于主题所限，且各种定义之间的差异并不足以影响本文的论证。因此，笔者仅在操作定义的意义上，将信义

---

① See Robert Cooter & Bradley J. Freedman, The Fiduciary Relationship: Its Economic Character and Legal Consequences, 66 New York University Law Review, 1991, p. 1046.

② See DeMott, Beyond Metaphor: An Analysis of Fiduciary Obligation, 1988 Duke Law Journal, p. 880.

关系定义为施信人出于对受信人的信任，将自己的权利或财产交由受信人实施可能发生利益冲突，且无法得到及时监督的自主行为而产生的法律关系。信义义务并非仅存在于信托法领域中，相反，只要一个人（委托人、股东、出资人等）“雇佣”他人（受托人、代理人、董事、高管、有限合伙人等）实施无法完全予以监督管理的自主行为，且该自主行为会影响到施信人的合法权益，就会产生信义法问题（代理问题），随之而来的就是代理人或受托人等受信人的信义义务。[①] 信义法就是要在这种授权与保护的模型中实现各方利益的平衡。作为约束受信人行为的法律，其立法目的就是通过对受信人行为的控制，进而妥当地保障施信人的合法权益。对此，Paul B. Miller 教授用信义权力理论进行解释：受信人的行为之所以受到信义法的调整，原因在于其享有着随时可能被滥用进而侵害施信人合法权益的信义权力，这种信义权力并不是受信人固有的权力，而是由施信人固有权力中派生出的权力，因而，受信人在行使这些权力的过程中，不能将自己的利益置于施信人利益之上，而信义法的任务，或者说存在的意义就在于以具有强制力的法律约束受信人的行为。[②]

在信义义务以及信义法的范围中，凡是存在一个人“雇佣”他人实施无法完全予以监督管理的自主行为，且该自主行为会影响到委托人合法权益的，均属于信义法的调整范围。从信义义务和信义法的产生和发展脉络来看，其为早期衡平法院在裁决一系列关于“信任”的案件中为了保护受信人的利益而逐渐形成的规则，衡平法院的法官们普遍认为，当一方基于对另一方的信任而有所托付，在这个信任被滥用时，法院将提供救济，以保护这种被授予的信任。[③] 换言之，“只要一个人获

---

① 参见［美］罗伯特·H. 斯蒂科夫：《信义法的经济结构》，陈大创译，载《研究生法学》2013 年第 5 期。

② See Paul B. Miller, Justifying Fiduciary Duties, 58 McGill Law Journal, 2012, pp. 1020~2021.

③ See L S Sealy, Some Principles of Fiduciary Obligations, 21 Cambridge Law Journal, 1963, p. 120.

得了他人所为其设置的权力，则他必须以谨慎、忠实的态度来使用该权力”,[①] 由当事人的此类信任而产生的关系均为信义关系。由此可见，信义义务可以产生于多种不同的法律关系之中，受信人、信义关系等是一组开放式的概念，没有固定的外延，很多社会关系都可被解释为信义关系。在我国私法体系中，能够体现这种结构的法律关系主要包括委托、代理、合伙、信托以及公司法上的董事与股东关系。这五种基本的信义关系构成了我国信义法体系的框架。而其中关于忠实义务、谨慎（善管）义务以及施信人权利方面的差异，是解释不同法律关系的关键。正如Mclachlin法官在KLB v. British Columbia一案中所言，信义义务可产生于不同的法律关系之中，而这些产生于不同法律关系中的信义义务有一条共同的主线贯穿始终，即如忠诚、避免义务与利益的冲突、不得从受益人的损害中获利等，而“信义义务则将依产生它的法律关系的特殊本质的不同而改变”，这种灵活性也诠释了现代信义治理模式成功的原因。[②]

委托关系处于信义法基础地位。委托人和受托人约定，由受托人处理约定的事务。委托关系以当事人之间的信任为基础，在受托人处理约定事务的过程中，将不可避免地遇到各种利益冲突问题，从而产生了法律特别调整的必要。委托关系是信义法体系的第一个层级，作为代理关系产生的基础之一，委托关系的外延更为广泛。可以认为，委托关系是其他信义关系共同的基础关系。换言之，我们可以用委托关系来描述代理关系、公司高管与股东的关系，但不能反过来进行解释。信托关系同样建立在这种信任关系基础之上，只不过该关系的形成更多地体现为当事人之间的信任，法律为了调整这种更高级别的信任关系，因而对于受信人（受托人）施以额外的义务。而作为外在的表现，信托相较于委托，则体现为在委托关系的基础上增加了财产权转移的法律事实。因而

---

① See J C Shepherd, Towards a Unified Concept of Fiduciary Relationships, 96 Law Quarterly Review, 1996, p. 75.

② 参见［美］罗伯特·H. 斯蒂科夫：《信义法的经济结构》，陈大创译，载《研究生法学》2013年第5期。

《信托法》第二条虽然使用了“委托”一词，但并不意味着对财产转移的排斥或否定，只是使用了属概念的表述方式。对此笔者还将在下文作出论证。

在代理关系中，代理人以被代理人的名义或自己的名义在授权的范围内对外进行意思表示，法律效果由被代理人承担。代理关系以当事人之间的信任为基础，在受托人处理约定事务的过程中，也将不可避免地遇到各种利益冲突问题，从而产生了法律特别调整的必要。《民法典》总则编将代理关系分为法定代理与委托代理。法定代理，即代理权由法律的直接规定而产生，无须被代理人的同意。法律之所以用强行性规范的形式对代理人的权利作出规定，是基于法定代理中代理人与被代理人之间存在天然的信任关系这样的事实判断，这种由人类文明延续下来的传统信任关系是一种先于经验而存在的。这种天然的信任关系存在于父母与未成年子女之间、父母死亡或丧失民事行为能力时被监护人近亲属与被监护人之间、夫妻之间（家事代理权）以及因紧急状态而产生的信任关系。法律据此将这种生活中普遍存在的信任关系用法定代理的法律规范形式加以规制，代理人必须为被监护人的最佳利益履行其职责，否则在必要时可剥夺代理人的代理权限并令其承担法律责任。在委托代理关系中，代理权产生于委托合同、劳动关系、合伙关系等由意思自治而产生的关系，委托关系是最常见的基础关系，受托人在权限内可以被代理人或自己的名义从事法律行为。与委托代理相比，法定代理在很大程度上仍然属于身份法（status law）的范畴，当事人之间的信任无法清晰地外化于某种法律事实，而是立法者根据经验法则的一种法律拟制。而且，在行使权利的过程中，受信人通常享有对所谓施信人几乎绝对的“垄断特权”，以自己的意志对受信人的利益进行定义。① 因而，也有观点认为，基于身份法而形成的代理关系不是信义关系，相关法律也不属于信义法。② 笔者赞同并继续延用这种观点，法定代理中代理人与被代

① See Tamar Frankel, Fiduciary Law, 71 California Law Review, 1983, p. 798.

② See Tamar Frankel, Fiduciary Law, 71 California Law Review, 1983, p. 799.

理人之间存在有异于委托代理的特殊关系，相应地，其适用的规则也有较大差异，因而在本文所构建的信义法体系中并不包含法定代理。

合伙企业中的一个基本关系也属于代理，即每一个合伙人都是合伙企业的代理人。与此同时，各个合伙人之间，特别是有限合伙人与执行合伙事务的普通合伙人之间，亦构成代理关系。[①]《民法通则》中的合伙仅指个人合伙，并不具有独立的主体资格，仅以自然人之间的契约关系而存在。现代合伙制度已经有了极大的发展，除仍然作为一种契约关系存在的合伙外，已经出现了在契约关系基础上具备较为稳定组织形态的合伙组织体。[②] 按照我国现行法律，合伙分为个人合伙与合伙企业，前者建立在当事人之间契约的基础之上，因而，在人法上，后者更具有说明价值。[③] 而以往的个人合伙，可以作为合同法的组成部分。[④] 随着2006年《合伙企业法》的修订，合伙企业的类型以及相应的规则均得以细化。该法第二条首先区分了普通合伙企业与有限合伙企业，前者全部由普通合伙人组成，普通合伙人对企业债务承担无限连带责任，而后者则由普通合伙人与有限合伙人组成，其中有限合伙人仅以出资为限，对企业债务承担责任。由于合伙人对合伙财产的共有关系以及共同负责合伙事务，在普通合伙中，每个合伙人既是施信人，同时也是受信人。但在有限合伙中，合伙事务由普通合伙人负责执行，有限合伙人不得执行合伙事务，不得对外代表合伙企业。在此类型的合伙中，有限合伙人实际上是基于对普通合伙人的信任而将出资交由该类合伙人。这种有限合伙在风险投资领域已经得到广泛应用。借助有限合伙的形式，作为实际管理人的普通合伙人能够排除投资人的干预，而作为投资人而言，其不

---

① 参见王乐宇：《论我国有限合伙企业普通合伙人的信义义务》，载《经济论坛》2013 年第 2 期。

② 参见梁慧星：《民法总则》（第五版），法律出版社 2017 年版，第 146 页。

③ 参见朱庆育：《民法总则》（第二版），北京大学出版社 2017 年版，第 487 页。

④ 参见张新宝、汪榆森：《〈民法总则〉规定的“非法人组织”基本问题研讨》，载《比较法研究》2018 年第 3 期。

负责实际经营，但投资的前提就是承担有限责任。[①] 因而，此两类合伙人之间的信任关系应当是：有限合伙人是施信人，而普通合伙人为受信人。

理论上一般认为，公司中存在三类信义关系：股东与公司高管之间的信义关系、控股股东与小股东之间的信义关系以及特殊情形下全体股东与外部债权人之间的信义关系，从而产生所谓的代理成本问题。[②] 而之中通常被作为典型的是公司高管与股东之间存在的信义关系，对于控股股东与其他股东之间的信义关系，以及股东与公司债权人之间的信义关系而言，由于产生的基础为法律的直接规定，缺乏当事人之间的合意，因此，不符合此处所讨论的信义关系，故将这两个类型予以排除。公司的董事、总经理等与公司之间的信义关系直接地表现为委任合同，此类合同在我国民法上也可以被解释为委托合同，其与劳动合同具有显著差异。首先，在价值理念上，劳动法的社会法属性决定了其倾斜保护劳动者的价值判断规则。[③] 而根据公司法，董事、监事应由股东会选任，并非由公司直接聘用，与公司之间不存在法律上的从属性，不同于劳动者的概念。[④] 因此，在委任合同中，双方仍被认定为平等主体，并不存在倾斜保护的价值取向。[⑤] 其次，委任合同与劳动合同在具体的法律适用上也不尽相同，不可混淆。对于公司而言，董事、总经理和公司均享有任意解除权，其依据就是《民法典》第九百三十三条规定的委托合同双方享有的任意解除权，在公司法中这一规则也被概括为董事职务的无因解除规则。[⑥] 相反，根据合同法的规定，董事、监事、高管也

---

① 参见赵玉：《有限合伙型股权投资基金的本土化法律思考》，载《法学杂志》2010 年第 4 期。

② 参见冯果、段丙华：《公司法中的契约自由——以股权处分抑制条款为视角》，载《中国社会科学》2017 年第 3 期。

③ 参见常凯主编：《劳动合同立法理论难点解析》，中国劳动社会保障出版社 2008 年版，第 16 页。

④ 参见许可：《论劳动法与公司法的扞格与调和》，载《中国应用法学》2018 年第 3 期。

⑤ 参见镇江中燃百江能源有限公司与张志荣劳动争议二审案，江苏省镇江市中级人民法院（2017）苏 11 民终 986 号民事判决书。

⑥ 参见李建军诉上海佳动力环保科技有限公司决议撤销案，最高人民法院第 10 号指导性案例。

享有针对公司行使的委托关系任意解除权，且采到达主义。[①] 总而言之，在大陆法系国家和地区，公司高管皆系受公司委任而处理所托事务，故适用民法中关于委任合同（委托合同）的规定。[②] 他们之间的关系自然属于典型的信义关系。

二、信义法体系的层级

如果对罗马法以来的私法历史进行梳理和总结，可以发现这样的一个规律：基于信任而产生的社会生活关系逐渐多地从道德的世界进入法律的世界。可以认为，法律对信任关系控制程度的深入以及调整的精细化是发展文明社会客观且必然的趋势。在对信任保护极不发达的早期商品交易中，即时交易必然是最主要的交易模式。[③] 梅因曾指出，古代民法中最大的缺口是由于契约观念的缺失而造成的，以某种精细的“宣誓”来代替契约，足以证明契约所依据的道德观念还没有成熟。[④] 这也集中地反映了早期奴隶制社会中信用不被法律规制以及信任不被法律所额外保护的事实。而这种法律上可期待的信用，出现于罗马法后期的诺成契约。在摆脱了奴隶制、封建制的束缚后，人类社会又发展出了一套全新的制度。在这个新的系统中，人类创造了“信用”[⑤] 的概念，并逐渐把这种进步的概念说服了全球人民，其结果就是带来了经济的增长以

---

① 参见北京中证万融医药投资集团有限公司、曹凤君公司决议纠纷案，最高人民法院（2017）最高法民再172号民事判决书。

② 参见柯芳芝：《公司法论》，中国政法大学出版社2004年版，第250页。

③ 参见董安生：《民事法律行为》，中国人民大学出版社2002年版，第4页。

④ 参见［英］梅因：《古代法》，沈景一译，商务印书馆1984年版，第208页。

⑤ 在经济学中，信用就是建立在信任基础上的能力。在经济学文献中，二者通常作同义使用。作为法学概念，信用在罗马法中首次被提及，即Fides、Bona fides。Fides有信任、信义、诚实的含义。在英美法系国家，信用被称之为Credit或Trust、Reliance。笔者认为，信任与信用并不相同。信任（trust）是信用（credit）的基础，是用于描述社会生活中人与人之间相互关系更为宽泛的概念，其外延大于信用。而信用，是在当事人之间具有信任的基础上，在经济交往中的表现之一。在经济关系上，一方基于对相对人的信任，将商品和货币预先进行给付，并要求受信人在一定时间内按约定偿还。若当事人之间不存在信任，这种信用也无从实现。法律对这种信用机制或当事人之间信任关系的保护，如前所述，可以追溯到罗马法对诺成契约的保护。

及社会的进步。[①] 在市场经济及其法制观念普及以前，市场主体间的信任仅在极小范围内得到规范，人类社会在信任法缺位的情形下发展了几千年，这样的结果就是经济萎靡。随着现代商品经济的发展，信用的种类也不断扩张，法律对这些新型信用，也给予了有针对性的调整与保护。[②] 根据马克思主义的基本主张，法律反应经济关系。法律对于当事人之间不断深入的信任，进行着额外的保护。由此形成了一个由具有共同特征的法律关系组成的具有内部层次的调整体系，即信义法体系。在英美法的研究中，学者们将由不同法律关系组成的信义法体系作为一个整体进行研究，这些受不同法律调整的关系在学理上均被统称为信义关系（fiducairy relationship）。在进行理论研究时，往往关注信义关系与非信义关系的差异，以“委托—代理”（principal-agency）的基本模型进行规则的构建，并以代理成本理论解释信义法中忠实义务、谨慎义务以及法律责任承担方式的合理性。与传统的研究不同，本研究着眼于信义法体系的内部，通过寻找不同信义关系之间的差异，构建信义法的层级，进而确定财产权移转与调整规则之间的关联，最终论证信托财产归属于受托人的结论。

在由委托、代理、合伙、公司以及信托关系为典型代表构成的信义法体系内部，依当事人之间信任程度的差异，形成了具有内部逻辑关系的层级系统。在这个体系的视角下对信义关系所涉问题进行观察具有重要的理论和现实意义。也正如 Tamar Frankel 教授所指出的，以往针对单个信义关系的法律分析往往不能推导出正确的规则，因而是不能令人满意的，她同时基于信义关系在现代社会中的重要性主张构建一套包含司法政策、原则与规则在内的信义法体系。[③] 笔者对此的观察结论是，依施信人对受信人信任程度的增加，法律对受信人的规制也更为严格，

① 参见［以色列］尤瓦尔·赫拉利：《人类简史：从动物到上帝》，林俊宏译，中信出版社2014年版，第300~303页。

② 参见崔亚东：《论信用缺失与信用制度》，载《世界经济与政治论坛》2001年第5期。

③ See Tamar Frankel, Fiduciary Law, 71 California Law Review, 1983, p. 797.

以保护施信人的信任。这种信任程度的差异，表现为当事人之间“托付”事项重要程度的差异，而这种不同或差异，总是以一定的法律事实加以表现。这种法律事实就体现为授权以及财产权的移转。这两种法律事实的出现，使得信义法构成了一个具有内在逻辑规律的体系。

首先，当事人之间信任程度的增加体现为施信人对于受信人的授权行为。得到授权的受信人，可以对外进行法律行为，且该行为的后果直接归属于施信人。这种交由他人为自己设定权利义务的法律事实，足以体现当事人之间的信任关系。在委托关系中，委托人将与自身利益密切相关的权利或财产的占有转移给受托人，由受托人事实上行使权利、管理财产。在此基础上，如果施信人进行了相应的授权行为，在当事人之间就形成了代理关系。当事人之间的信任关系外在地表现为：受托人在对外交往中，在权限范围内独立自主地进行法律行为，法律后果由委托人本人承担。相比于委托关系，受托人获得了对外进行意思表示的能力，其行为将更为直接地影响委托人的经济利益。此外，在间接代理中，受托人还可以自己的名义进行法律行为，在这种情形下，相对人在很大程度上有理由相信受托人的处分权限。基于这种法律事实的出现，可以看出代理人与被代理人之间的信任在程度上高于单纯的委托关系。或者，至少说，在法律上这种新增加法律事实背后的信任关系有理由受到法律的额外保护。合伙关系中，合伙人原则上共同经营合伙企业，也可授权一个或数个合伙人对外代表合伙企业执行合伙事务。这实际上与代理中所体现的信任关系较为类似，被代理人也对代理人的行为承担无限责任，只不过在代理关系中，代理人一般不承担法律责任。他们二者所体现的信任关系都是施信人对受信人的行为承担法律后果。与合伙类似，公司中的受信人对外进行法律行为也是建立在相应授权基础之上。至于信托关系，无论在英美法系还是大陆法系的信托关系中，受托人普遍被赋予诸多积极的权利，英美法系的受托人所享有的权利也几乎等同于所有权人。而即便在非自由裁量信托中，受托人也被授权对信托利益进行分配。[①] 因此说，信托受托人享有可以使其对外进行法律行为意义上的授权，体现出了当事人之间高于委托关系的信任。基于这种信任的增加，法律有理由，也应当对于更高级别的信任关系进行额外保护。

其次，当事人之间信任程度的增加也体现为财产权的移转，即以丧失所有权为代价而建立某种法律关系。这种财产权移转本身体现的就是当事人之间存在的信任关系。在委托与代理中，一般并不存在所有权的移转。而在合伙关系中出现了一定程度的财产权移转：施信人基于对受信人的信任，将自己享有的财产权转移给合伙企业，施信人由此失去了对财产的权利。《合伙企业法》对于出资有明确的要求，设立合伙企业应有合伙人认缴或实际缴付的出资（《合伙企业法》第十四条），合伙协议生效后，合伙人应当按照协议的要求履行其出资义务，当以非货币资产出资的，还应当按照法律的规定办理相应的财产权转移手续（《合伙企业法》第十七条）。就此而言，出资义务的履行使得合伙人的个人财产在性质上转变为了合伙企业的财产。合伙企业则在名义上拥有企业财产，包括合伙人的出资、以合伙企业名义取得的收益及其他财产（《合伙企业法》第二十条）。虽然合伙企业不具有法律上的人格，但《民法典》已经明确了其作为民事主体的法律地位。作为民事主体，仍具备一系列最为基本的权利，包括：拥有自己名称的权利；起诉与被诉的权利；获得、拥有、处分财产的权利；签订合同的权利。[②] 也就是说，能够享有财产权是一个民事主体不可分离的法律特性，非法人组织作为一类民事主体，在法理上理所应当地"可以"享有财产权益。[③] 因此，一旦出资完成，财产即成为企业的财产，由合伙人根据约定以及法律的规定统一管理和使用，不得随意抽离。由此可以认为，合伙关系中

① 参见刘凌颐：《我国〈信托法〉对消极信托的态度——以英美法为借鉴》，载《天府新论》2010 年第 6 期。

② See PI Blumberg, The Multinational Challenge to Corporation Law: The Search for a New Corporate Personality, Oxford: Oxford University Press, 1993, pp. 206~209.

③ 参见张新宝、汪榆淼：《〈民法总则〉规定的"非法人组织"基本问题研讨》，载《比较法研究》2018 年第 3 期。

的信任同样外在地表现为财产权的移转。

在此，需要进一步明确的问题是合伙企业财产的法律性质。《民法通则》第32条将合伙涉及的财产区分为了由合伙人投入的财产以及在合伙存续期间积累的财产。前者由合伙人统一管理和使用，但在法律性质上则语焉不详，而后者的性质为共同共有。[①]《合伙企业法》并未延续这种区分方式，而是将二者统一规定为“合伙企业的财产”。虽说合伙企业已经具有类似于法人的某些特征，但合伙企业并不具有法律人格。在承认非法人组织与法人均可以享有财产权这一前提下，更应当关注的是两种“所有”之间的差异。笔者认为，合伙企业作为非法人组织与法人在此方面的重要差别体现在财产区隔的法律效果上。财产区隔（asset partitioning）是组织法中的重要理论。一般认为，财产区隔的效果有两个面向：出资人的个人财产不受组织债权人的追索；以及组织所有的财产不受出资人个人债权人的追索。对此，《合伙企业法》第四十一条规定：“合伙人发生与合伙企业无关的债务，相关债权人不得以其债权抵销其对合伙企业的债务；也不得代位行使合伙人在合伙企业中的权利。”第四十二条第一款规定：“合伙人的自有财产不足清偿其与合伙企业无关的债务的，该合伙人可以以其从合伙企业中分取的收益用于清偿；债权人也可以依法请求人民法院强制执行该合伙人在合伙企业中的财产份额用于清偿。”而对于财产区隔效果的第一个面向，《合伙企业法》第三十八、三十九条规定，合伙企业对外负担的债务，首先以合伙企业所有的全部财产作为责任财产进行清偿，出现资不抵债的，由合伙人承担无限连带责任。由此观之，合伙企业仅具有财产区隔的第二个面向，因而是一种单向的独立性或财产区隔。从这个角度来看，这种单向的独立性从侧面说明了在合伙中，施信人所进行的出资，即财产权的移转并不彻底。从法理上看，在一个彻底的财产权移转中，出让人不会为已转移给受让人的财产所产生的债务继续负责，同时，一旦财产权

---

① 参见王飞云：《我国现行法人制度下的合伙财产性质之重构》，载《四川理工学院学报（社会科学版）》2012年第6期。

移转给受让人，出让人的债权人也无法就该财产主张权利，除非法律有特别规定。如在公司等法人组织中，这种财产区隔均是双向的。虽然合伙中的财产区隔是单向的，但毕竟在一定程度上实现了财产权的移转，即财产权与原权利人的分离。而在委托代理关系中，委托人不仅没有移转财产权，而且对委托物及权利也并未丧失控制权，施信人仍可以通过解除权的行使结束他们之间的法律关系。

在公司结构中，这种财产权移转就更为明显。出资人将其个人财产作为出资成立公司，公司一经设立，出资人的财产在性质上就由个人财产转变为公司财产，作为对价，出资人获得股权。作为股东的出资人并不负责实际经营，也不可能凡事均事必躬亲，必然依赖董事、监事及高级管理人员负责公司的实际经营，作出商业决策。在这个意义上，公司的董事、监事以及高级管理人员掌握着公司财产的命运。这种结构形成了一个典型的信义关系：股东“雇佣”董事及高级管理人员实施其无法完全予以监督的自主经营、决策行为，且这些行为将直接影响股东的经济利益。至于信托关系中是否发生了财产权的移转，是本部分欲探究的问题，待其他方面得以明确后，这一问题的答案将随之显现。

综上所述，在信义关系中，当事人之间的授权行为以及财产权移转行为反映了当事人之间的信任程度。委托关系作为基础的信义关系，其不存在授权与财产权移转。而代理关系在委托关系的基础上，存在授权，但无财产权的移转。而在合伙和公司中，同时存在授权以及财产权的移转。可以认为，他们二者体现了当事人之间更高级别的信任，在信义法的层级上高于委托和代理。合伙与公司相比，其财产移转并不彻底，因而在信义法体系中，位于公司之下。对于位于更高层级的信义关系，信义法将对受信人的行为进行更为精细的规制，即通过信义义务及法律责任承担方式的扩张，以保护这种逐渐深入和增加的信任关系。那么，对于信托关系，同样可以从作为信任关系外在表现的法律事实、信义义务的内容以及法律责任的承担方式这四个方面进行考察。对此，信托关系中受托人信义义务的内容、违反信义义务的法律责任已经被全部规定在信托法之中，解释上的分歧较小，可以作为后续分析的已知部分。通过对这两方面的分析，可以判断出信托关系在信义法体系中所处的地位，从而就不难反推出其外在的反映当事人之间信任程度的法律事实为何，也即信托财产权是否发生了移转。沿着这一基本思路，笔者将在以下的小节中详细论述。

三、信义义务的扩张与所有权的移转

信义义务以忠实义务与谨慎义务为核心。前文已经对信义义务在信托关系中的扩张进行了初步的论述，在此部分，笔者将着重从信托关系中的信义义务与其他信义关系中信义义务比较的角度进行分析，最终将指出，信托关系中的受信人负担了较高级别的信义义务，与此对应，当事人之间的信任程度也高于一般的信义关系，体现在法律事实上，就应当是财产权的移转。

（一）忠实义务

如前所述，人类在面对各种与己相关的利益冲突时，总趋向于优先维护自己的利益，而牺牲他人的利益。忠实义务的引入，就是为了协调施信人将自己事务托付受信人实施的过程中，所不可避免的利益冲突。忠实义务（duty of loyalty）是信义义务中的核心原则，也是其他一切信义义务的基础。[①] 在信义法的体系中，受信人承担忠实义务的程度与当事人之间的信任程度成正相关。

施信人在委托关系的基础上进行授权行为，相比于委托，获得了授权的受信人可以对外进行法律行为，后果由施信人承担。那么，在受托人处理约定事务的过程中，将不可避免地遇到各种利益冲突问题，从而产生了法律特别调整的必要。为此，《民法典》第一百六十八条规定，

---

① 参见赵磊：《信托受托人的角色定位及其制度实现》，载《中国法学》2013年第4期。

“代理人不得以被代理人的名义与自己实施民事法律行为”。此外，受托人代理多个被代理人的，利益冲突还将发生在其与不同被代理人之间。对此，《民法典》第一百六十八条规定：“代理人不得以被代理人的名义与自己同时代理的其他人实施民事法律行为。”此为忠实义务在代理法中的具体应用。

相比于委托、代理，合伙中存在授权行为的同时，还包含一定程度的财产权转移，因此体现了当事人之间更高级别的信任关系，从而也必将负担额外的忠实义务。首先，合伙人执行合伙事务所获得的利益，应当归属于合伙企业，这一规则与委托、代理规则一致。此外，合伙人执行合伙事务过程中，也将面临合伙利益与其个人利益的冲突，从而产生自我交易的风险以及合伙人从事与合伙业务有竞争关系业务的风险。对此，信义法（《合伙企业法》第九十九条）禁止了普通合伙人从事与本合伙企业相竞争的业务或者与本合伙企业进行交易的行为，由于有限合伙人在合伙关系中属于施信人，因而竞业禁止与禁止自我交易的规定不适用于有限合伙人。而在委托代理关系中，在没有相反约定的情况下，受托人可以进行与所“托付”事务存在竞争关系的业务。

与合伙类似，公司中也存在授权行为与财产权的移转，不过在财产权移转的程度上，较合伙而言，更为彻底。相比于合伙，公司中当事人之间信任的增加表现为股东对其出资的控制力更低。股东一旦完成出资，其只能通过股东会上的表决权影响公司财产的使用用途。更为重要的是，在法律上，一旦出资完成，财产在性质上就转变为公司财产，公司以其法律人格独立自主地持有财产。而合伙企业中的出资行为虽然也能够使得财产性质发生转变，但合伙企业的财产在性质上与法人财产仍有区别，无法完全实现财产的区隔效力。有鉴于此，公司中的施信人也相应地受到信义法更多的特别保护。与委托、代理法不同，公司法中明确提及和规定了董事、监事以及高级管理人员的信义义务。与传统民法上的合同义务相比，信义义务在内容与责任上更为倾向于保护施信人。[①] 具体而言，第一，在实际经营过程中，董监高相比于其他人更具有职务上的便利获取公司财产。如果缺乏有效的制约，极易诱发道德风险，从而损害施信人的合法权益。这些违反信义义务的行为主要包括：将公司财物据为己有；挪用公司资金；将公司资金以个人名义或其他个人名义开立账户储存；违反程序将公司资金借给他人或为他人提供担保。对于这些行为，一方面公司法将这些行为规定为明确禁止；另一方面也将上述部分行为纳入刑事犯罪范畴，如职务侵占罪、挪用资金罪。第二，与代理中出现的利益冲突类似，在公司结构中也存在董监高进行自我交易的可能。为此，《公司法》第一百四十八条第一款第四项明确禁止了“违反公司章程的规定或者未经股东会、股东大会同意，与本公司订立合同或者进行交易”。第三，董监高在经营公司过程中，将不可避免地掌握大量的商业资源，由此产生了将这些商业机会用于自己获利与由公司获利的利益冲突，以及董监高篡夺本属于公司商业机会的道德风险。在 2005 年《公司法》修订前，篡夺公司商业机会的行为很难从大陆法系民法中找到规范依据，随着《公司法》的修订，此类违反信义义务的行为被严格禁止。[②] 第四，《公司法》将董监高违反忠实义务行为进行了列举的同时，唯恐信义义务的列举挂一漏万，立法者在《公司法》第一百四十八条第一款第八项设置了兜底条款，即“违反对公司忠实义务的其他行为”，从而将各类道德问题一网打尽。[③] 因此，相比于合伙，公司法中的受信人显然承担着更大的忠实义务，而这种扩大化义务的正当性就在于保护当事人之间更为深入的信任关系。在法律事实上就表现为由不完全的财产权移转，到完全的财产权移转。

信托受托人的忠实义务，要求“受托人负有唯一的、为受益人利益而处理信托事务的义务，而不得借此为自己或第三人牟利”。[④] 根据

---

① 参见朱圆：《论信托的性质与我国信托法的属性定位》，载《中外法学》2015 年第 5 期。

② 参见刘俊海：《现代公司法》（第三版），法律出版社 2011 年版，第 628~629 页。

③ 参见刘俊海：《现代公司法》（第三版），法律出版社 2011 年版，第 626 页。

④ 参见徐孟洲主编：《信托法》，法律出版社 2006 年版，第 94 页。

我国《信托法》第二十五条规定："受托人应当遵守信托文件的规定，为受益人的最大利益处理信托事务。受托人管理信托财产，必须恪尽职守，履行诚实、信用、谨慎、有效管理的义务。"其中，前句的规定即为受托人的忠实义务。信托成立后，受托人应当按照法律的规定以及信托文件的约定履行其管理、处分信托财产的职责，而对信托目的的忠实，就体现为其为了受益人的最大利益处理信托事务，只有这样才能符合信托关系所依存的信任基础。① 而在其他信义关系中，法律均未明确提出受信人应当为施信人的最大利益行事。《民法典》虽然为监护人设立了"最有利于被监护人"的指导原则，但如前所述，此种因监护而产生的法定代理不具有意思表示的基础，因而不属于本章所讨论的代理。

与委托、代理相比，信托关系中的受托人显然负担了更为严格的忠实义务。如前所述，在信义关系中，受信人将面临与施信人的利益冲突，信义法则要求受信人将自己的利益劣后于施信人的利益，而在一般性的诺成契约中，不要求受信方协调此种利益。在不存在信义关系的合同中，除非存有特别约定，否则双方当事人追求自我利益的行为是常态。② 这种当事人的自利性也是受法律所保护的。Rafael Chodos 教授对此指出，信义法所调整的是人与人之间的"关系"，属于"关系法"，而合同法所调整的是民事主体之间的交易。③ 在合同关系中，当事人双方追求各自的经济利益无可厚非，而关系则是在长期的过程中逐步形成的，在进行过程中，需要当事人的彼此合作，而这种合作，是绝大多数合同中不存在的元素。④

与合伙企业和公司相比，信托受托人也负担着更高程度的忠实义

① 参见卞耀武主编：《中华人民共和国信托法释义》，法律出版社 2002 年版，第 96 页。

② See Tamar Frankel, Fiduciary Law, 71 California Law Review, 1983, pp. 830~832.

③ See Rafael Chodos, Fiduciary Law, Why now? Amending the Law School Curriculum, 91 Boston University Law Review, 2011, p. 845.

④ See Rafael Chodos, Fiduciary Law, Why now? Amending the Law School Curriculum, 91 Boston University Law Review, 2011, p. 845.

务。自1930年E. Merrick Dodd提出企业除实现出资人利益外还具有社会属性以来，越来越多的观点肯认了企业的社会责任。[①] 实务界也对此颇为认可，认为公司股东具有短视的特点，他们追求的往往是公司短期利益，而非公司的长远发展，而若要实现企业的长期利益，必须承担相应的社会责任。[②] 我国的理论和实践也承认董事忠实义务的对象并非仅限于股东最大利益，还应兼顾公司利益相关者的利益。在公司以及合伙中，除出资人外，还存在其他公司利益相关者，特别是其中的直接利益相关者，如职工、债权人。[③] 对于这些利益相关者的合法权益，受信人在履行信义义务过程中也应当兼顾。在《合伙企业法》与《公司法》中，法律均规定在遵守法律的同时应当承担相应的社会责任（《合伙企业法》第七条、《公司法》第五条），而并没有提出为了出资人、企业等主体的最大利益而行事。在委托、代理关系中，法律的明确规定以及合同的约定是规范当事人行为的依据，由于没有授权或授权的有限性，因而不存在所谓的最大利益之说。

另一值得关注的问题是，公司中董事所负忠实义务的对象并非股东，而是公司。股东利益与公司利益在绝大多数场合下是一致的，但实践中股东意思有时不能体现公司的利益。[④] 由“公司利益最大化”取代“股东利益最大化”已经取得了我国公司法理论界的普遍认可。换言之，公司法中受信人信义义务所对应的权利人并非施信人本身，而是施信人本人之外的与其利益密切相关的法律拟制媒介。与之相反，《信托法》中信义义务的对象直接指向信托关系中的受益人（《信托法》第二条、第二十五条），而受益人身份的确定则完全取决于委托人的事先指定（《信托法》第四十三条）。委托人对于受益人的选择享有极高的自

① See Alan Palmiter & Frank Partnoy, Corporations: a Contemporary Approach, St. Paul: West Academic Publishing, p. 97.

② See Alan Palmiter & Frank Partnoy, Corporations: a Contemporary Approach, St. Paul: West Academic Publishing, p. 98.

③ 参见胡晓静：《论公司社会责任：内涵、外延和实现机制》，载《法制与社会发展》2010年第2期。

④ 参见朱慈蕴：《资本多数决原则与控股股东的诚信义务》，载《法学研究》2004年第4期。

由度，并且可以指定自己本人为受益人。由此可以认为，在信托关系中，受信人的信义义务所指向的对象就是施信人。

综上所述，就忠实义务而言，信托受托人显然负担了相比于委托、代理、合伙以及公司中更严格的忠实义务。从信义法的规律来看，这种扩大化的信义义务必有更高程度的信任关系为基础。那么，这种信任关系除了授权之外，就理应体现为财产权的移转。信托财产归属于受托人的结论与此完全契合，即委托人将财产权完全地转移给受托人，由受托人享有财产之上的终极权利。与公司中的财产权移转相比，信托中施信人将其财产权直接让渡给受信人，权利形态转化为受益权；而在公司法制下，股东将其所有权移转给公司所有，并非直接移转给受信人。就此而言，信托中的财产权转移程度更高，也即当事人之间的信任程度更高，为此受托人的忠实义务自然也随之提高。

（二）谨慎义务

谨慎义务，是受信人管理所托付事务时应当尽到谨慎人合理的注意义务。在大陆法系，信托受托人这一义务表现为善良管理人的注意义务，而在英美法系，受托人的此类义务已经细化为诸如谨慎投资人规则等具体规范。[①] 如前所述，不同信义关系中受信人谨慎义务的程度也不相同。在信义法的体系中，更高的谨慎义务反映了当事人之间更高程度的信任，由此产生了法律对此的差异化调整。委托关系作为基础的信义关系，其中关于谨慎义务规则具有普遍适用于一切信义关系的效力。在具体的法律适用上，作为代理法律关系的“公司—经理”关系适用代理法的相关规定则是逻辑的自然延伸。在英美法系中，代理法较为发达，故将经理和雇员等定位为代理人后，直接适用代理法的相关规定。大陆法系在商法和民法中规定的经理权实质上也是一种代理权，具体适用法律的过程中也是以代理规则为基础，主要适用代理的有关规定来确

① 参见文杰：《信托受托人的谨慎投资义务标准研究》，载《财贸研究》2011 年第 2 期。

定相互之间的权利义务关系。而面对当事人之间信任程度的提升，特别法上的差异化调整规则将取代一般的委托代理规则，适用于具有更高层级的信义关系。信托关系中受托人的谨慎义务高于其他信义关系中的受信人，反映了当事人之间更高程度的信任关系。

首先，任何信义关系中的受信人均承担相应的注意义务，一般认为，其注意程度至少应分为由低到高的三个标准，即一般理性人的注意标准、与处理自己事务为同一注意标准、善良管理人的注意标准，对其的违反分别构成重大过失、具体轻过失以及抽象轻过失。[①] 在这其中，一般理性人的注意标准多在侵权法中用以判断侵权行为人的过错。当然，在不同类型的侵权行为中，侵权人的注意义务也将随之升高，或适当降低。在委托代理关系中，代理人应当承担的注意义务，应当略低于善良管理人的注意义务，应当以与处理自己事务为同一的注意标准。[②] 此外，也有立法例根据委托关系中受托人是否为有偿，进而对其课以不同程度的注意义务，即受托人为无偿的，受托人负有与处理自己事务同一的注意义务，而有偿受托人则负担善良管理人的注意义务。[③] 而随着当事人之间信任关系的升级，也即在施信人进行财产权转移的公司中，善良管理人的注意义务随之出现。在现代公司法中，法律对公司的经理和高管课以善良管理人的注意义务，而适当放宽董事的注意义务。[④] 相比之下，公司中的受信人的谨慎义务已经有所提升，在信义法体系的解释下，这种提升的正当性基础就在于当事人之间的财产权转移行为。在大陆法系的信托关系中，信托受托人的义务标准均为善良管理人的注意义务。[⑤] 在英美法系，法律则一向视信托受托人的注意义务为最高级别的注意义务。应当注意的是，由于信托法为大陆法系所移植的法律，对

① 参见曾世雄：《损害赔偿法原理》，中国政法大学出版社 2001 年版，第 82 页。

② 参见寇志新：《民法学》，陕西科学技术出版社 1989 年版，第 197~198 页。

③ 如《意大利民法典》第 1710 条；我国台湾地区“民法”第五百三十五条。

④ 参见吴伟央：《别于董事义务的公司经理义务研究》，载《杭州师范大学学报》2010 年第 2 期。

⑤ 参见张敏：《信托受托人的谨慎投资义务研究》，中国法制出版社 2011 年版，第 99 页。

于受托人的注意义务，自然需要纳入大陆法系的概念体系中。那么，鉴于英美法系信托受托人如此之高的注意义务，在大陆法系既有的概念体系下，唯有善良管理人的注意义务方可解释信托受托人义务的内容。相比于信托受托人，公司法上受信人谨慎义务仍然置于"商业判断规则"保护之下，因此，相比于信托受托人必须"如谨慎商人一样"管理财产，英美法院对公司法上的受信人往往课以较低级别的注意义务。① 由于大陆法系善良管理人义务具有模糊性，因此在适用过程中，往往有待法官对其细化。② 这种概念的模糊性可以解释同为善良管理人的注意义务，但在标准上仍然存在差异。在与代理人的比较上，信托受托人同样负担着更为严格的注意义务。根据《美国代理法重述》的观点，当受信人同时作为代理人和信托受托人时，应适用更高标准的信托法规则。③ 而从内容上来看，被吸收进大陆法系善良管理人义务的受托人注意义务，事实上也具有更为丰富的内涵，其并非简单地等同于英美法的谨慎投资义务，而是涵盖了亲自管理义务、分别管理义务、公平对待受益人义务以及保密义务等受托人义务。④ 种种迹象表明，信托关系中受托人的谨慎义务高于委托、代理以及公司中受信人的注意义务，故可以反推出其信任关系外在地表现为财产权的移转，即委托人将财产权转移给受托人。

此外，如前所述，在信托关系中，在受托人经营信托财产时，受托人不能简单地以主观尺度作为衡量是否履行谨慎义务的标准。谨慎义务要求受托人在信托存续期间，必须尽到与具有一般理性且具备民事行为能力的人在处理自己事务时所付出的谨慎程度相当的注意义务。而如果在接受信托前，受托人向委托人表现出了在特定方面超乎他人的才能，

① See Robert H. Sitkoff, An Agency Costs Theory of Trust Law, 89 Cornell Law Review, 2004, pp. 656 ~ 657.

② 参见梁上上：《论股东表决权——以公司控制权争夺为中心展开》，清华大学 2004 年博士学位论文。

③ See Restatement of Agency § 379 cmt. (c).

④ 参见刘继虎、王巍：《受托人义务的基本理论问题研究》，载《武汉大学学报（哲学社会科学版）》2006 年第 4 期。

那么，即便未将这些内容纳入信托文件之中，其注意义务的标准也将随之提高。根据英美法系在立法和司法领域已经达成的共识，受托人只要具备更高的技能，就应当在管理信托财产时行使，甚至不要求以向委托人主动展示为前提。① 这种在其他信义关系中未能形成的浮动的注意标准更有利于保护施信人的合法权益，这也凸显了信托关系中的施信人受到法律额外保护的事实。

其次，无论是否有偿，信托受托人均承担善良管理人的注意义务，不因无偿受托人而降低其义务。基于受信人是否获得报酬，可以分为有偿受信人与无偿受信人，这种有偿性在判断委托、代理关系中受信人的谨慎义务时至为重要。按照我国《民法典》第九百二十九条的规定，若债务人从中获得报酬或利益，则应当负担较高的注意义务，反之，应当从轻酌定其注意义务或过失责任，即无偿受托人的注意义务低于有偿受托人。有学者指出，从公平的角度而言，在信托中，对于无偿受托人，应对其课以与自己事务同一的注意标准，而对于有偿受托人，应当课以善良管理人的注意义务，以保持法制的统一。② 但是，包括我国在内的绝大多数大陆法系国家和地区的信托法均未对此进行区分。其立法理由在于，既然受托人基于信任而取得了他人的财产，并对财产实际进行管理，自然应当依照信托意旨积极实现信托目的，从而其注意义务不能以与处理自己事务为同一注意义务为满足，应统一课以善良管理人的注意义务。③ 在英美法系上，受托人的有偿性并不导致谨慎义务的提高或降低。④ 因此，虽然按照受托人接受信托是否获得报酬，可以将信托分为有偿信托与无偿信托，而这种区分在判断受托人谨慎义务上，并不具有直接而现实的法律意义。信托关系中无偿受托人的情形较为常见，早期的传统赠与型信托以及现代社会中因各种借名行为而产生的关系均

① See George T. Bogert, Trusts, St. Paul: West Academic Publishing, 2005, p. 334.

② 参见张军建：《受托人的忠实义务与善管义务》，载《河南财经政法大学学报》2012年第4期。

③ 参见王志诚：《信托法》，我国台湾地区五南图书出版股份有限公司2017年版，第218页。

④ See George T. Bogert, Trusts, St. Paul: West Academic Publishing, 2005, p. 335.

属此类，而这种差异所反映的是法律对信托关系中施信人的保护。就此而言，信托法中受信人谨慎义务的标准要高于代理人，因此可以认为，这种对于施信人额外的保护，反映在法律事实上就是信托关系中的财产权转移。

再次，信托当事人之间不得以约定的方式排除特定法律责任的承担。此处的特定责任，是指当事人以约定的方式排除受托人因故意或重大过失而造成信托财产贬损而引起的赔偿责任。在委托代理中，一般认为，合同条款可以对受托人或代理人的重大过失责任予以排除。在公司中，亦可以将董事的重大过失责任以约定的方式予以免除，而对于同样作为受信人的经理，则无法免除该责任。而根据信托法的规定，受托人违反谨慎义务应当承担赔偿损失的法律责任，而在信托实践中，当事人往往以免责条款（exculpatory clauses）的形式予以排除或限缩。但这种免责条款的效力在英美法系处于极大的不确定性之中，不同的司法管辖区对该条款的效力认定持不同态度。原因在于，这些条款的出现往往是由受托人主导的，受托人一方面向委托人展示其管理才能以获得商业机会，而另一方面却在实际履行中将责任免除。[①] 这显然是不符合信托法保护信任关系的价值理念的。对此，受到较多支持的折中观点认为，谨慎义务可以在一定程度上被限缩，但不能完全排除。这也是信托法强制性的体现，而这种强制性无疑是更有利于施信人的。我国《信托法》中规定了受托人的谨慎义务，但是对于是否可以对此进行排除，并无明确规定。从其他大陆法系国家和地区的规定看，关于谨慎义务的具体内容，法律通常均允许当事人的“另有约定”。从法理上看，信托法中关于受托人谨慎义务的规定并非一项纯粹的强制性规范，一般而言，当事人可在信托文件中加重或减轻其责任。但是，如果约定免除受托人的故意或重大过失的责任，应当被理解为违反了效力性强制性规定而无效。另有日本学者指出，大陆法系信托法中的谨慎义务纵然为任意性规范，

---

① See George T. Bogert, Trusts, St. Paul: West Academic Publishing, 2005, p. 340.

并未概括减轻受托人之注意义务，而应理解为信托行为得区分信托事务之具体情况，减轻受托人处理各种信托事务之具体范围，故行为自得另有约定。[①] 就此而言，信托法对于受托人的谨慎义务要求更高，反映了当事人之间更高的信任关系。

最后，在对信托财产的占有、使用及保管过程中，相比于其他信义关系中的受信人，信托受托人也负担程度更高的谨慎义务。对此，最为明显的就是信托受托人必须以合理的方式保持信托财产的独立性。一方面，受托人必须确保信托财产与其固有财产之间相互隔离；另一方面，还应当确保将不同委托人的信托的财产相互隔离。相应地，为了监督受托人履行这些义务，信托法对于受托人提出了更高的财务、会计标准。首先，受托人必须将信托财产与其固有财产进行分别管理、分别记账，对于不同委托人的信托财产进行分别管理、分别记账（《信托法》第二十九条、《信托公司管理办法》第二十九条）。这种将不同性质的财产进行分别管理、分别记账的处理，仅在信托关系中有所要求，在其他信义关系中并无涉及。其次，法律对信托财产的保管也进行了额外的规制。在集合资金信托计划中，对于以现金作为信托财产的，实行保管制，对非现金类的信托财产，信托当事人可约定实行第三方保管；由信托公司选择经营稳健的商业银行担任保管人。信托财产的保管账户和信托财产专户应当为同一账户；信托公司依信托计划文件约定需要运用信托资金时，应当向保管人书面提供信托合同复印件及资金用途说明（《信托公司集合资金信托计划管理办法》第十九条）。而在其他信义关系中，并不存在类似的保管制度。除此之外，根据《信托法》第三十三条的规定，对于处理的信托事务，受托人还必须保存完整的记录，并且每年定期将信托财产的管理运用、处分及收支情况，报告委托人和受益人。其中的“完整”就是指与受托人处理信托事务有关的全部合同、单据、凭证、账户资料等。代理、合伙以及公司法中同样有关于受信人

---

① 参见［日］新井诚：《信托法》，日本有斐阁2008年版，第246~247页。

报告义务的相关规定，但本条中对于完整性的要求是其他信义法关系中所不具备的。

如果从资本市场的有效性角度进行考量，由于存在较为发达的二级市场，公司受信人的行为在很大程度上能够被其股票价格所反映出来，这些董事、高管的行为因此被评价并制约。[①] 同时，公司中的施信人在大多数场合下可以通过转让其股份的方式维护其合法权益，在权衡成本与收益后，其往往也不会选择以诉讼途径追究董事、高管人员的法律责任。[②] 相反，在信托中，相比于公司，受益人数量相对较少，同时也不存在较为发达的二级交易市场。因而，在出现利益受损时，受益人往往会选择以诉讼的方式进行维权，而法院在处理个案时所能够引以为据的恰恰是法律中的信义义务规则。在监督方面，对于上市公司而言，由于牵扯利益广泛，因而在传统上也是监管部门的执法重点。而信托关系往往呈现出个案性、封闭化、信息不充分等特点，通过监管部门实现权益的保护并不现实。而由于信托关系的受益人人数通常较少，在大多数情况下这些受益人具备进行诉讼的经济动机。故在立法的整体思路上，信托法相比于公司法，信托法更加依赖私人执行，进而更为需要严格的信义义务作为法律基础，以制约受信人的行为。这种观点本质上与笔者的观点并不矛盾，均强调在对信义义务规则的依赖程度上，信托法高于公司法，均体现为信托中的受信人承担更重的信义义务。[③] 只不过前者的结论基于有效资本市场假设（ECMH，Efficient Capital Markets Hypothesis），而笔者则将这种法律调整深入地解释为当事人之间信任的增加。

综上所述，信托受托人的谨慎义务高于其他法律关系中受信人的谨慎义务。在信义法体系中，这种差异化法律调整的正当性基础在于当事

① See Eugene F. Fama, Agency Problems and the Theory of the Firm, 88 Journal of Economics & Political Economy, 1980, p. 288.

② See Robert H. Sitkoff, Trust Law, Corporate Law, and Capital Market Efficiency, 28 Journal of Corporate Law, 2003, p. 580.

③ See Lawrence E. Mitchell, Fairness and Trust in Corporate Law, 43 Duke Law Journal, 1993, pp. 475~491.

人之间信任程度的上升，而这种内在的信任总以一定的法律事实加以体现。这种外化的法律事实就是施信人与受信人之间的财产权移转行为。

四、归入权的引入与所有权的移转

在责任承担方式上，相比于单纯的合同关系，违反信义义务的受信人还可能因此承担利润返还的责任，即施信人通过行使归入权（disgorgement)，使得受信人通过违反忠实义务而获得的利益返还给施信人或信托财产之中。传统合同法上的损害赔偿只有在违约方通过违约行为获得的利益少于守约方由此受到的损失的情况下，方可有效地杜绝违约行为。[①] 然而，如果因违约行为而产生的收益大于守约方因违约而遭受的损失，那么在法律制度只提供损害赔偿时，违约方就没有必要就其所获得的利益如何分配这一问题与守约方进行协商，由此催生出了效率违约。[②] 在信义法中，归入权制度的引入有效地杜绝了义务人的此类不当行为。

在英美法系，这种归入权制度普遍适用于几乎所有类型的信义关系，作为一种防止受信人不正当侵吞受托财产行为的常规救济方式。[③] 而在大陆法系物债二分体系下，同时作为债权人的委托人、被代理人往往不享有此权利。在我国，委托人和被代理人的救济手段均已在合同法中进行了规定，因而他们也不享有传统信义法上的归入权。债务人对权利人的赔偿以对实际损失的填平为基本准则。合同关系中，在约定违约金的情况下，虽然赔偿额可能高于实际损失，具有一定的惩罚性，但仍然可能因费用过高而受到司法上的调节，因此违约金在性质上仍然属于当事人对于损害赔偿的预定。此时，如果违约行为将为行为人带来更大的利益，足以弥补其支付给守约人的实际损失与预期利益，那么此时的

---

① See Robert H. Sitkoff, The Economic Structure of Fiduciary Law, 91 Boston University Law Review, 2011, p. 1048.

② See Rstatement (Third) of Agency 8. 01, cmt d (1) .

③ See J. C. Shepherd, The Law of Fiduciaries, Toronto: Carswell Press, 1981, p. 75.

违约便被认为是有效率的。在侵权领域，被侵权人所失与侵权人所得之间也并非总处于完全吻合的状态。根据侵权法理论，由侵权而产生的损害赔偿责任以填补被侵权人所遭受的实际损失为限，并对债权人适用禁止不当得利规则。[①] 此时，该侵权行为将被认为是一个受益型侵权。[②]

在合伙和公司中，如受信人违反了忠实义务而获得利益的，施信人均享有归入权。在合伙中，对于违反信义义务的普通合伙人，法律规定了实施两种行为所获得的收益应当归合伙企业所有。《合伙企业法》第九十九条规定："合伙人违反本法规定或者合伙协议的约定，从事与本合伙企业相竞争的业务或者与本合伙企业进行交易的，该收益归合伙企业所有；给合伙企业或者其他合伙人造成损失的，依法承担赔偿责任。"显然，相比于委托、代理，合伙关系中的施信人受到了法律进一步的保护。

在公司法中，受信人违反忠实义务的，公司对其所获得的经济利益享有归入权。我国公司法中归入权的请求权基础是《公司法》第一百四十八条第二款的规定。该条通过明确列举加兜底条款的方式将受信人的各种违反忠实义务的行为纳入了归入权行使的对象之中。除此之外，《证券法》第四十四条也是对归入权的规定。在英美法理论上往往以推定信托制度解释这一法律现象。根据推定信托的法理，董事与高管通过违背对公司的信义义务而获得的财产在法律性质上是信托财产，在这一信托中，受托人为实际取得财产的董事、监事、高级管理人员等受托人，公司作为信托受益人，对上述受托人享有支付信托本金的受益权。[③] 归入权的引入将改变传统权利救济格局，施信人可以在赔偿损失与要求受信人将归还其通过违反信义义务所获得的利益之间进行选择，从而最大限度地得到补偿。

在委托代理关系中，根据合同法规定，受托人、代理人在处理受托

① 参见朱岩：《什么是恢复原状?》，载我国台湾地区《月旦民商法杂志》2009年第6期。

② 参见杨彪：《受益型侵权行为研究——兼论损害赔偿法的晚近发展》，载《法商研究》2009年第5期。

③ 参见刘俊海：《现代公司法》（第三版），法律出版社2011年版，第634页。

事务过程将产生各种财产性利益，应当归属于委托人。相比于非信义关系，义务人在履行义务过程中获得的利益归属于义务人本人，无须将获益交出。这是忠实义务在委托代理法中的体现。但这种获益交出与合伙法、公司法中的利润剥夺或归入权还存在显著不同，原因之一就是后几类关系反映了当事人之间更为深入的信任关系，因而法律对受信人施加了更为严苛的义务。那么，值得思考的问题是法律为何赋予后两类施信人以归入权，而对于前两类施信人而言，却只得请求损害赔偿。根据笔者在前文中提出的观点，这种差异的背后，体现的是法律对于更高层级信任关系的保护，而这种信任，均体现为一定法律事实的出现，即财产权的移转。在合伙和公司中均存在施信人进行的财产权移转行为，在程度上，公司的施信人更为彻底。这样的差异也可以解释公司法上归入权适用的范围相比于合伙法而言更为宽泛。

在信托关系中，受托人违反信义义务的，委托人、受益人等权利人与合伙、公司中的施信人一样，享有归入权。根据我国《信托法》第二十六条的规定，受托人“利用信托财产为自己谋取利益的，所得利益归入信托财产。”那么，在信义法体系中，信托关系中的施信人由于享有归入权，因而在层级上显然高于没有赋予施信人归入权救济方式的委托、代理关系。对《信托法》第二十六条进行解释，无论是否属于《信托法》第二十八条所规定的自我交易行为获得的利益，只要未进行相应的披露，利用信托财产为自己谋取利益的，均成为归入权行使的对象。在进行自我交易时，不仅需要进行相应的披露以及取得权利人的同意，还须以公允的市场价格完成交易。相比于《合伙企业法》采用的“明确列举”模式，《信托法》对于归入权的规定显然能够将更多种类的违反忠实义务的情形纳入其中，从而最大限度地震慑受托人以及保障受益人等施信人的合法权益。而对于《公司法》第一百四十八条采用的“明确列举+兜底条款”模式，由于使用了“兜底条款”的立法技术，其无疑增加了法律解释的包容性，但同时也应当承认，对此种兜底条款的解释也要受到必要的限制。我国有学者对此曾指出：“对于兜底条款的理解必须结合其列举事项，限于与之同类的情形，而不能包括不同类的部分。”[①] 在司法实践中，公司董事、高管实施的谋利行为如果并不属于法律条文所明确列举的行为，法律适用者首先应当面临对违反公司忠实义务的其他行为的法律解释，而在公司法中并没有对忠实义务的具体界定。与此相反，《信托法》第二十六条的规定直截了当地将受托人以任何形式进行的利用信托财产为个人牟利的行为纳入忠实义务的规范之中，进而成为归入权的行使对象。此外，在归入权的行使范围上，我国公司法所规制的范围仅限于受信人本人与公司交易的情况，而无法覆盖《公司法》第二百一十六条中全部关联交易的类型。[②] 因此，从权利所规制行为的范围上看，《信托法》中的归入权，相比于《合伙企业法》《公司法》而言，其规制的范围更为宽泛，从而更加有利于保障施信人的合法权益。

综上所述，在信义法体系的视角下，只有在伴随着财产权移转的信义关系中法律才会为施信人配置归入权，《信托法》明确规定了委托人、受益人在受托人有违反忠实义务行为的情形时享有归入权，这就表明了在信托关系中，确实应当存在财产权的移转。此外，信托法中的归入权在适用范围上超过了合伙法，而略高于公司法。这就表明信托关系中施信人进行了更为彻底的财产权移转。如前所述，这种更为彻底的财产权移转就表现为施信人将财产权直接转移给了受信人。

五、信义法体系下对《信托法》第二条中“委托给”的解释

如前所述，我国《信托法》第二条将信托定义为委托人将其财产权“委托给”受托人的行为。这一规定给理论和实践都造成了比较消极的影响，其中的表现之一就是导致信托关系与委托关系无法区分，有观点进而认为在我国法制背景下，信托就是委托。但从信义法体系的视

① 储槐植：《刑事一体化与关系刑法论》，北京大学出版社 1996 年版，第 359 页。
② 参见李建伟：《关联交易的法律规制》，法律出版社 2006 年版，第 12 页。

角来看，委托关系与信托关系在信义义务的内容以及法律责任等诸多方面均存在差异。将二者等同的观点不符合法律对当事人之间信任不断规制的客观趋势，更为重要的是，这种认识也将导致当事人之间权利义务的严重失衡，即在由受信人负担较高信义义务的关系中没有表现出当事人之间更为深入的信任关系。

本书所构建的信义法体系可以解释《信托法》文本中“委托给”的表达与财产所有权移转二者的共存问题。如前所述，委托关系是信义法体系中最基础的法律关系。首先，在委托与代理的关系上，二者虽属于不同的法律关系，但委托关系是代理关系重要的基础关系，由委托关系产生的代理关系自然适用法律关于委托的规定。正如我国《民法典》合同编第二分编第二十三章关于委托合同的规定，其中就包含了许多旨在调整代理关系的规则。其次，在组织法领域，法学、经济学家均将企业视为一个由合同组成的网。① 那么，出资人与企业管理人员之间就构成了委托代理合同关系，如在公司制企业中，当股东将其财产投入公司后，股东与管理人员之间的委托代理关系便形成了。② 事实上，董事、监事以及高级管理人员所承担的信义义务，特别是谨慎义务的法理基础就是股东或公司与董事、监事以及高级管理人员之间存在委托关系。③我国民法上，对于公司、合伙中受信人的规定，除了受各自特别法的调整外，最为重要的法律规范就是《民法典》中关于委托代理的规定。在传统民法的视野下，对外执行法人或非法人组织事务的人，其行为在性质上就属于职务代理。④ 同时，以委托代理理论为基本模型分析公司

① See Micheal Jensen and William Meckling, Theory of the Firm: Managerial Behavior Agency Costs and Ownership Structure, 3 Journal of Financial Economics, 1999, p. 306.

② 参见蒋建湘：《委托代理视角下国企公司治理的改进》，载《法律科学（西北政法大学学报）》2014 年第 6 期。

③ 参见王保树：《股份有限公司机关构造中的董事与董事会》，载《民商法律论丛》（一），法律出版社 1994 年版，第 114 页；［日］前田庸：《公司法入门》，王作全译，北京大学出版社 2012 年版，第 315 页；［日］官本仁：《试论董事的注意义务》，载《亚太经济》1997 年第 2 期。

④ 参见郑泰安、钟凯：《民法总则与商事立法：共识、问题及选项——以商事代理为例》，载《现代法学》2018 年第 2 期。

法中的各种利益冲突已经成为公司治理研究中的重要工具。因而，对于合伙法、公司法等组织法，在理论上亦可将其所调整的法律关系描述为由一系列委托合同构成的法律关系。从这个角度来看，委托代理关系也可以用于表达合伙、公司中相关权利人与义务人之间的关系。诚如我妻荣教授所言，只要当事人之间存在信任关系，并且一方将自己的事务托付给另一方处理，委托合同就会扩散到其他法律关系中，成为具有类似特征法律关系的一般规则。① 就此而言，信托法中采用的“委托给”只是意在表达当事人之间形成的信任关系属于信义关系，或者说，“委托给”的表述只是对当事人之间信任关系的一种确认，并不能因此而否定信托财产权转移的事实。也正如英国法学家梅特兰所言，信托产生于当事人之间的合意，虽然没有明确将其命名，但他终究是当事人之间的合约。② 我们的《信托法》只是在此意义上更进一步指明了其在性质上属于信义法而已。而认为委托是包括信托在内其他信义关系的基础关系，当然不等于承认这些信义关系等同于委托。如前所述，法律对于当事人之间更为深入的信任关系往往设置更为倾斜保护施信人利益的法律规范。如公司法定代表人以公司名义对外进行的法律行为，该行为虽然在性质上为职务代理，适用民法中关于代理的相关规定，但由于当事人之间存在更为深入的信任关系，该代理人还受到更为严格的特别法上的约束。因此，公司法定代表人与其施信人之间的关系在法律关系的认定上也不属于传统民事代理关系。③

值得一提的是，实践中一些规范性文件中出现了有异于《信托法》第二条的表述，用“信托给”的措辞来表述委托人与受托人之间的法律行为。《信贷资产证券化试点管理办法》（以下简称《试点管理办

---

① 参见［日］我妻荣：《债权各论》（中卷二），周江洪译，中国法制出版社 2008 年版，第 134~136 页。

② See Frederic W. Maitland, Equity: A Course of Lectures, Cambridge: Cambridge University Press, 1936, p. 110.

③ 参见贺小荣主编：《最高人民法院第二巡回法庭法官会议纪要》（第一辑），人民法院出版社 2019 年版，第 9 页。

法》）第二条规定："在中国境内，银行业金融机构作为发起机构，将信贷资产信托给受托机构……"；《金融机构信贷资产证券化监督管理办法》（以下简称《监督管理办法》）第三条规定："在中华人民共和国境内，银行业金融机构作为发起机构，将信贷资产信托给受托机构……"两部规范性文件均依据《信托法》《银行业监督管理法》以及《人民银行法》制定，从效力等级上看，也应当理解为二者的内容没有突破作为上位法的《信托法》的规定。有学者就对此"矛盾"的表述表示不解，[①] 而信义法体系恰恰建立了一种解释路径，即"委托"所表述的是法律关系的信义法基本性质，而"信托"表达了更高级别的信任关系，其在委托关系的基础上伴随着财产权利转移、信义义务的扩张与法律责任承担方式的多样化。因此，"委托给"与"信托给"或"转移给"并不必然意味着冲突，他们均反映了信托财产伴随着权利移转的事实。这种解释亦符合信贷资产证券化的基本原理：信贷资产证券化的一个重要目的就是改善发起人的财务结构，为此，就必须将基础资产从其资产负债表中剥离（即将权利归属与风险转移），以实现商业银行对其资本充足率的要求。[②] 因此，《试点管理办法》和《监督管理办法》与《信托法》的规定并无任何冲突之处，所谓的"信托给"和"委托给"也不存在冲突，信托财产均发生转移。

六、小结：信义法体系下受托人享有财产的所有权

本章从信义法体系的视角，论证了在信托关系中，施信人完成了财产权的移转，即委托人将其财产转移给了受托人。在一项信义关系中，随着当事人之间信任的增加，法律对于受信人信义义务以及法律责任的设置也进一步扩张。当事人之间发生的内在的信任总以外化的法律事实

---

① 参见高永深：《信贷资产证券化法律关系构建的目标与原则分析》，载《河北法学》2008年第6期。

② 参见楼建波：《信托财产的独立性与信托财产归属的关系——兼论〈信托法〉第2条的解释与应用》，载《广东社会科学》2012年第2期。

加以表现，即财产权的移转以及授权行为的发生。作为基础信义关系的委托关系，其符合信义关系的基本特征，但受托人未取得授权，且未发生财产权的移转。在委托的基础上，代理关系中的代理人获得了授权，可以对外进行法律行为，而后果由被代理人承担。相应地，法律扩张了其信义义务。但相比于体现着当事人之间更高信任关系的合伙与公司而言，其并不存在当事人之间的财产权移转。在合伙中，施信人进行了财产权移转，合伙人的个人财产随着合伙企业的建立，转化为合伙企业的财产，但财产区隔效果仍然不完全。因此，可以认为，其财产权移转行为并不彻底。公司中的施信人将其财产权完全地转移给公司，从而换取了股权，实现了完全的财产区隔。相比于合伙中的财产权移转，公司中的财产权移转显然更为彻底。这种更进一步的财产权移转在法律调整上就体现为信义义务以及法律责任的扩张。在信托关系中，受托人负担着最高程度的忠实义务和谨慎义务，并且在法律责任上，施信人同样享有在合伙和公司法中所规定的归入权。由此，也就不难反推出，在信托关系中，委托人完成了财产权转移。在这样的一个体系化的信义法体系中，委托关系是其他信义关系的基础关系，可以用委托来表述代理、合伙、公司以及信托中的信义关系。因此，《信托法》第二条中的“委托给”只是宣示了当事人之间的信义关系，并不排斥财产权的移转，同时在法律适用上也具有一般法的意义。